この服で誰かに
会いたくないなと思ったら

その服は寿命

HOW TO TIDY UP
CLOTHES AND THE WHOLE HOUSE

yur.3

JN028973

サンマーク出版

はじめに

instagramを始めて
気がつけば10年以上が経ちました。
何よりの気づきは多くの人が
"捨てたい"んだということ。そしてその上で
モノと気持ちを上手く切り離すことが出来ずに
捨てられずにいるのだということ。

けれど思うのはどこまで行ってもモノはモノ。
人生の1番にはなり得ません。

大切なのは、何をどこに置くかでも
何をどれだけ持っているかでもないはずで。
何のためにそうしたいかであり
そうすることでどうなりたいかという
"自分自身"の"その先"です

ひとつひとつを見たら
やっぱりすべてが大事そうに思えるものも
もう1度、
大切な順に何度も何度も確認して
いつかどこかで 出来るなら今ここで、
選んでいく必要があるのだと思う

選択の効能は必ずありますよ。

だから、どうかこの本が
劇的なんかじゃ到底ない、片づけという
遠まわりのような近道と
出会うきっかけになりますように

contents

Chapter 2

お気に入りの服だけ手に入れる

Chapter 3 捨てていいモノと気持ち……102

Chapter 4

キッチンまずはこれ捨てよ

Chapter 5

秒でリセットできるリビング

Chapter 1

服を「捨てる」とは、お気に入り服を「選ぶ」こと

〝好き〟と〝必要〟以外のものは
手放すほうがラクで楽しい

捨てたいあなたへ贈る
クローゼットの捨て格言

適当な服で過ごせば
適当な1日になる

今日が人生最後の日でも
その服を着るか？

この服を着て
誰かに会いたくないと
思うならその服は寿命

モノが増えると
人は疲れる

「使えるかどうか」
よりも
「使うかどうか」

写真に写ると
イヤなものは
捨てるか見直す

捨てずに持ち続けたとしても
死んで持っていけるものはないし、
使ってくれる人もいない

着ないなら売る、
売れないなら捨てる

私が死んで遺したものが
家族を不幸にしないだろうか？

「片づけたい」は
「変わりたい」だと思う

過去でも未来でもなく今どうすべきか

001

片づけをテーマに発信していると、「モノを減らすことにこだわっている人」との誤解を受けることがあります。ですが、捨てることは私の生活のすべてではありません。モノを減らすのは、私にとって食べすぎたときにするダイエットのようなもの。いらないモノを外に出して自分をフラットな状態に戻すための「手段」にすぎません。

大切なのは片づけそのものではなく、その先に描く「理想」。「どうありたいか」をクリアにすることは、「何を買うか」「何を手放すか」よりもずっと意味のあることのように思います。

「心地よい空間」は人によって違うもの。都会でフィギュアに囲まれて暮らしたい人もいれば、田舎でこたつと障子のある部屋で過ごすのが心地いい人もいます。少ないモノで暮らすシンプルライフも、唯一の正解ではなく、数ある好みのひとつです。

まず理想を知り、そこへ近づくためにモノを差し引きする。それが快適な暮らしへの近道だと思います。

何を捨てるか、買うかよりも
「どうありたいか」

手放すほどにラクで楽しい

002

「捨てること」と「買うこと」。

一見、180度違うこのふたつ。

でも、目的はどちらも「自分の理想に近づくこと」で、実は同じことのように思います。

片づけやすい部屋をつくるためにモノを減らすことも、憧れの誰かのようになりたくて服を買うことも、どちらも「今を変えたい」「なりたい姿に近づきたい」と思ったときの「手段」です。

捨てるのも買うのも、必要なモノを選ぶ作業。違いはお金がかかるかどうかくらい。

そう考えれば、捨てることは、理想に近づくためにもっとも手軽でお金のかからない手段なのかもしれません。

山ほどある買い物の失敗を片づけで見直して、次の買い物の「基準」に変換することができたら、今よりもっとラクに暮らしを楽しめるのかなと思います。

買う、捨てる。どちらも理想に近づくためのこと

他人の目なんて利用してこそ

003

「今日の下着で救急車に乗れるか？」
「知り合いに会いたくない服は着ない。持たない」

これまで発信してきた中で、過去に反響の大きかったふたつの格言です。読者の方から「下着を一新できた」「ずっと捨てられなかったものが処分できた」など、〝捨てられた〟報告がたくさん届きました。

インパクトを与えられた理由はきっと「人からどう見られるか」を利用したこと。

普段、人の目線を基準にするのはマイナスと思われがち。常に人のことを気にする生き方はストレスフルだし、人生の選択範囲を狭めかねないのも事実です。

ただ、人の目線はうまく活かせば自分を磨く原動力にもなりえます。たとえばカフェで仕事をするとはかどったり、来客があると家がきれいになったりするのは、誰しも経験があるはず。だから人の目線は自分にプラスに働くときだけ、気にすればいい。

服の処分には迷いがつきもの。背中を押してほしいからこそ、人の目線をあえて味方に。

手放す理由はおしゃれの伸びしろ

004

服を手放すのには必ず理由があります。「似合わなかった」「体形に合わなかった」「老けて見えた」「すぐに毛玉だらけになった」——これらの「手放した理由」こそが、おしゃれの伸びしろ。次に服を買うときの「基準」に変換できる教訓の山です。

たとえば私はダークグレーの服を買わない時期が数年ありました。それは前に「かわいい！」と購入したものの、家に帰ってから着てみると似合わず、結局手放すことが2～3度続いたから。けれどももし「何か羽織れば着られるかも？」とクローゼットに残し続けていたら、「ダークグレーNG」の基準を持てないまま、同じ失敗を繰り返したと思います。捨てることで痛みを感じる。だからこそ学習できるのです。

買い物の基準がぼやけていると〝好き〟と〝似合う〟の違いがわからず、本当に必要な服は足りなくなります。

服を捨てる最大のメリットは、服を選ぶ基準が磨かれること。手放すほどにおしゃれになれる、本気でそう思っています。

"もしかして"を一掃する

005

服を捨てる上で私がひとつの判断材料にしているのが、「年に1回使うかどうか」。「年に1度は使うモノ」と「もしかしたら使うかもしれないモノ」とは別物で、キッパリとラインを引くべきです。

「年に1度でも使う」なら生活に必要なモノ。私の場合、ミシンを使うのは年に数回。普段ほとんど出番がなくても、その1回でも手縫いはどうしてもしたくないから、手放そうとは考えません。

一方、何年もクローゼットに眠っているスカーフやニット、古いスーツ、あるいは「汚れ仕事をするときに着るかもしれない」と残している着古した服などは、捨てていいかなと思います。これらの「もしかして」が増えすぎると、「年に1度でも使うもの」を置く場所が確保できなくなったり、ゆったり置きたい1軍の服のスペースにまではみ出し始めます。

1年間使わなかったモノは必要ない。そんな風にあいまいだった「もしかして」を一掃しています。

1年間使わなかったモノは9割がた、一生使わない

捨てる服

Check List

「着ない」「似合わない」「ダサい」
そんな服がクローゼットに眠っている
かもしれません。 yur.3の「捨てる服
の基準」を照らして見直してみよう！

着ない「お呼ばれ服」

着ないパーティードレスは捨てるの一択。レンタルに切り替えればさらに快適。

シミがとれない服・穴のあいた服・糸が出ている服

大切な用事の日に着られない服、本音はきっと「普段も着たくない。」

アウターで隠せばOKレベルの服

「どうせコートで隠れるし」と思っても、コートはふいに脱ぐので要注意。

体のラインが出て視覚的にキツイ

返品や交換、出来なければ手放す。

とる気も失せる量の毛玉がついてる

毛玉取り器でも太刀打ちできないものは処分のサイン。

届いた瞬間、ちょっと違った

無理やり着てもしっくりくることはない。新品のうちに返品・交換を。

袖やすそが床について家でも外でも着づらい

着るのに気を使う服はクローゼットで眠りがち。

老けて見えると言われた

そこまで正直に言ってくれるということはよほど似合わない服。

重くて肩がこる

大人の肩は重い服に耐えられない。軽さが正義。

✓ **同じような服に出番を奪われた**
同じ役割の服は1着でいい。

✓ **去年めっちゃ着たのに今年はどうもかわいく感じない**
1年経つと気分って変わる。人ってそういうもの。

✓ **憧れだけで買ったのに着ていく場所がない**
インテリアと考えるか、キレイなうちに手放す。

✓ **数年着ていないスポーツウェア**
いつか再開したときには好みも流行も変わってる。

✓ **なくても気がつかなかった服**
探してもいなかったのなら、不要な証拠。

✓ **形見など名目だけで持っている服**
服は着るもの。

✓ **チャックが下がってくるパンツ**
デニムは特にジッパーが緩くなりがち。

✓ **日焼けや変色しちゃった服**

✓ **首元が伸びたTシャツ**
まだ着られたとしても服の消費期限は切れてます。

✓ **スリットが深すぎるスカート**
自分が気になるならその時点でアウト。

✔ **とにかく高かったという以外手放せない理由がない服**

高価なものは諦めがつきにくい。捨てるより売るのがおすすめ。

✔ **メルカリでずっと売れない服**

メルカリで売れなければどこでも売れない。

✔ **一度でもリサイクルショップへ持ち込んだ服**

一度決めたら手放していい。持ち帰ってもやっぱり着ない。

✔ **少し気恥ずかしくて外には着ていけない**

家の中で着てみる。それもできないなら、不要。

✔ **部屋着やお家着にしようとおろしたけど出番のない服**

家でこそテンションの上がる服を。

✔ **トイレのたびに手間がかかるボトムやガードル**

そこまでして履く理由がある？

✔ **歩いているときや運転中に食い込むボトム**

直している姿は人に見られても大丈夫？

✔ **人からの贈り物や福袋など、自分の意思でなくそこにある服や靴下**

できるだけキレイなうちに、気に入ってくれる人の元へ。

捨てる靴

Check List

靴箱をお気に入りの靴だけに!
ずるずると持ち続けている靴がないか、
思い当たる節をチェック!

✓ 「この靴、誰のですか？」
と聞かれたときに
恥ずかしくて名乗り出られない

「足元なんて誰も見てない」

と思うものほど……。

✓ 常に汚したくないし
1ミリも傷つけたくない

大事にしすぎてどこにも履いていけない、
子どもに踏まれたら叫んじゃうやつ。

✓ 幸せは足元から、なんて耳にしても
「これじゃムリか」と
自分で思ってしまう靴

幸せが寄ってきそうな靴に替えましょう。

✓ 急いでいるときに履きづらい

常に急いでいるじゃない？

✓ すぐに疲れる

2秒で脱ぎたくなる13センチヒールは捨て。
靴は履くもの。

✓ 「今日じゃないな」がずっと続く

じゃあ一体、いつなんだ？

✓ 洗う、磨くなどメンテナンスの
手間のほうがもったいない

洗うまでもないなと感じ始めたら
そろそろです。

捨てたいあなたへ贈る

下着の捨て格言

今日の下着で
救急車に乗れるか？

下着「なんか」をやめて
下着「くらいは」ちゃんとする

下着は自己評価

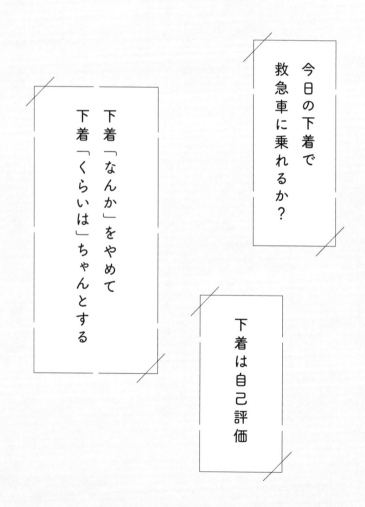

古い下着も捨てられず
理想をサラリと捨てていく

自分しか見えない下着だからこそ
どれだけ
自分を大切にしているかがわかる

今日の下着が服と同じように
人から見られるとしてもそれを着られるか？

執着も放置も誠意ではないよね

006

どんなにおしゃれな人でも、たとえモデルさんでも服の失敗ってあると思うんです。大事なのは、ダメだったときに服を手放す道筋を持っておくこと。

服の処分というと「捨てる」イメージが大きいかもしれませんが、私は基本的に捨てません。捨てるより、そして持ち続けるよりも少し面倒なリサイクルを選ぶのは、それを自分なりの落とし所にしているから。

着なくなった服の大部分は、ふだんから用意しているリサイクルショップ用の大きなバッグに入れ、それがいっぱいになったり、片づけの勢いがついたタイミングでお店に持っていきます。またユニクロやGUは必要な人への寄付として服を回収してくれるので、対象のお店で買った服はリサイクルショップよりも優先的に回収ボックスへ入れるように。最近はよく使うECサイトの下取りサービスも利用します。

リサイクル以外に、メルカリを使うときもあります。高かった服や新品に近い服など、「これだけは……」と諦めがつかないものだけは売って納得。出品するのは1年に1回くらいです。

これらすべてに当てはまらないのは肌着と靴下くらい。ササッとお掃除に使って汚れたら捨てています。

もし手放せずにいる服のモヤモヤがあれば、〝それ〟をどうにか活かすために、どんな方法が最良か？という基準で向き合ってみるのもいいかもしれません。

私に限らず、誰かの役に立つと思うと、心を痛めずに手放せるという人は多い気がします。たとえば高かったコートを100円で古着屋さんに売るのは嫌でも、姉妹や友達が着てくれるなら0円でも気持ちよく手放せる人は多いのではないでしょうか。

地域によっては古着が資源ゴミとして回収され再利用してもらえるところもあるので、リサイクルショップに持ち込むより早い場合も。

ラクに感じる基準は人それぞれ。どうやって手放すのが一番心の痛みが少ないか、自分なりの道筋を見つけることが大事です。

大切なのは得をしようなんて考えないこと

007

リサイクルショップは知名度や買取価格の高さより、とにかく「近さ」が大事です。

最初は「なるべく高く売りたい」と色々なお店に持ち込んだのですが、買取価格はほとんど変わりませんでした。ＩＫＥＡの大きなバッグにいっぱいでも、どこも３００円程度。ノーブランド品は特に差がつきません。

でも、リサイクルショップに持ち込むメリットは、もらえるお金じゃない。一気にモノが減り、とにかくすっきりすること、いくらで売れたかよりも、空いたスペースや達成感に価値があります。

それなら家から近いほうが、気持ちが揺るがないうちに最短で手放せる。そう折り合いがついて以来、利用するのは最寄りのリサイクルショップ一択です。

持ち込むのは年に数回、片づけのスイッチが入ったとき。全シーズンの服をクローゼットに掛けているので、その場で最近着ていない服を手にとって一気にジャッジし、だいたい10～20着程度を手放します。

とにかく定期的に最寄りのリサイクルショップへ行く

5年着てないドレスはもう着ない

008

着なくなったパーティードレスの9割は着られる。だけどたとえば5年。5年前ということは誰でも今よりマイナス5歳。スカート丈もデザインも似合わなくなっているのが当然です。

フォーマルはクリーニングに出したりシワを気にしたり、想像以上に管理の手間がかかるもの。だから、それがなくなれば本当はプラス。

加えて「パーティードレスは売れる」ので、正確にいえば「手放す」の一択です。需要があるので値段さえ下げれば必ず売れるし、生地が薄いので送料も安く、フリマアプリ向きです。

万が一手放したあとにお呼ばれがあっても、ずっと前に買って好みもトレンドも古くなったものは着たくないはず。30歳を過ぎるとお呼ばれそのものが減るので、レンタルもおすすめです。1回あたりは割高ですが、着たあとのケアをまったく気にしなくていいのが本当にラク！　なにより1回きりだから冒険できて、今の好み100％で選べるのが最高です。

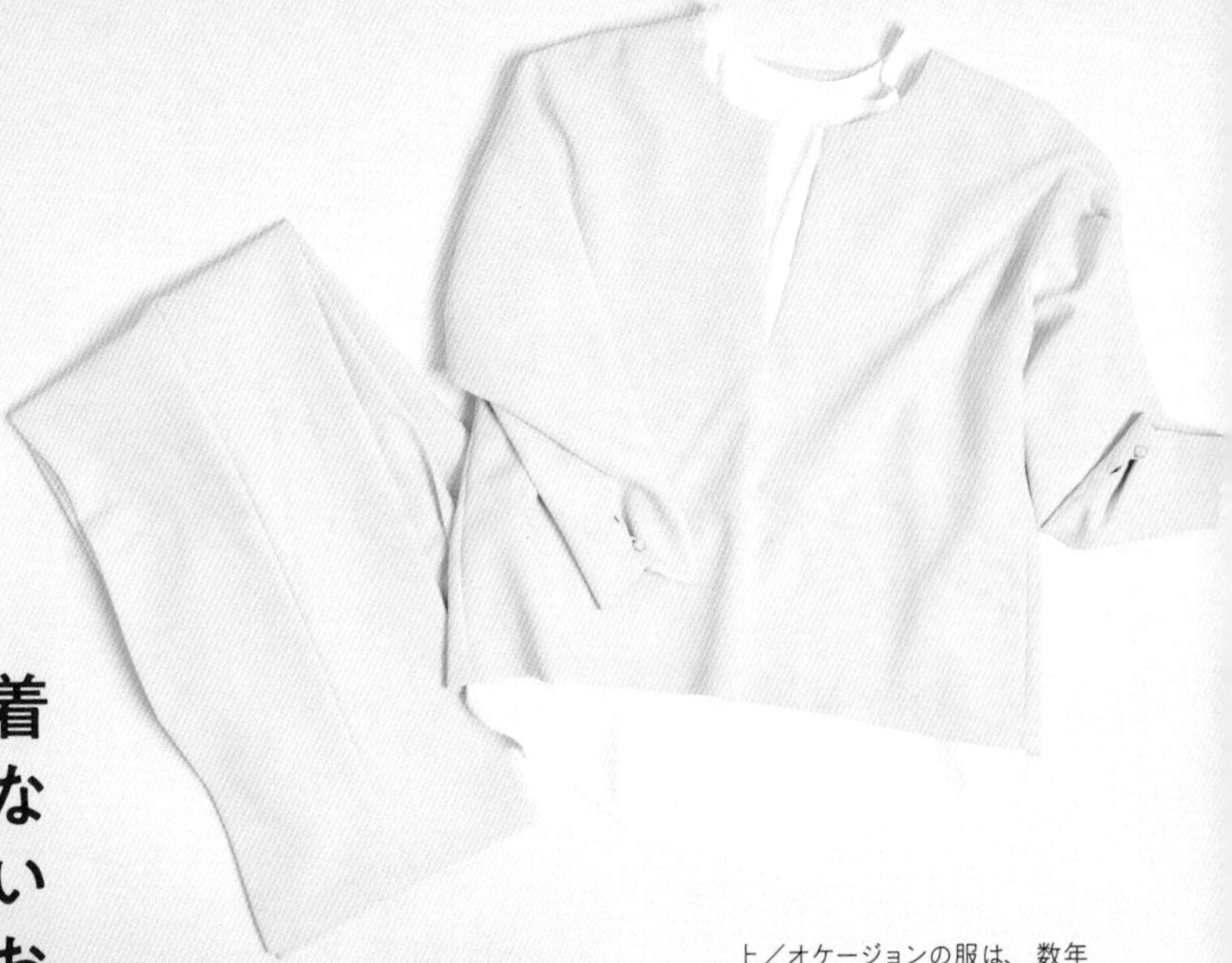

着ないお呼ばれ服は捨てるの一択

上／オケージョンの服は、数年以内に予定のある子どもの入園・入学式用のセットアップ（ユナイテッドアローズ）とベーシックな喪服のみ。下／パール（父からのプレゼント）以外はフォーマル専用の小物を持たず、仕事の日に持つ革のバッグ（CELINE）、靴（ATELIER BRUGGE）、時計（LOBOR）を使い回しています。

断然コードあり派！

009

おすすめして買ってくれた人の満足度100％なのが、テスコムの毛玉クリーナー（KD778）。

コード式と電池式どちらも使ってみたのですが、断然コード式が強力！　だいたいのモノはコードレスが好きですが、先に買った電池式では物足りなくなってしまい、これだけは絶対に「コードあり」派になりました。購入したときの価格は3000円ほど。

回し者でもなんでもないのですが、ハイパワーでとにかく毛玉が取れる。着る気が失せたニットもスウェットも生き返り、すごくお得な気分に。子どものキャラクター靴下も毛玉を取ると清潔感が段違いです。カッター刃で毛玉を刈り取るので、たまに勢いあまって穴があき、とどめを刺すこともありますが（笑）。

そして毛玉予防には素材選びも大事（詳しくは73ページ）。それでも毛玉だらけになる服は、この毛玉クリーナーでほとんどが復活。これでムリなら仕方ないと潔くお別れもできますよ。

「コード式毛玉取り機」で かなりの服が復活する

捨てるのがもったいなくて着ている服よりもその服で過ごす気持ちや時間の方がもったいないかもしれない

010

「部屋着とパジャマは増やさない」。

服の片づけで気をつけていることのひとつです。2軍の服を部屋着におろすことは片づけではありません。

そもそも捨てるのがもったいないだけで着ている服より、その服で過ごすお家時間や気持ちのほうがずっと大切なはず。

1軍の服しか持っていないと、『汚れてもいい服で参加してください』と言われるようなイベントで困りませんか？」とご質問いただくことがありますが、そのお知らせの意図は「2軍の服で来てください」ではなくて、「汚れても責任は負いかねます」というだけ。「汚れがつきにくい・汚れが落としやすい」1軍の服で参加すれば問題ないと思っています。

ちなみに寝るときは「ザ・パジャマ」な見た目のパジャマを着るのがマイルール。オンオフの切り替えになり、睡眠の質が上がる気がします。

「部屋着におろす」は せずにさよなら

断捨離はくり返すほど身につくもの

011

元々は「捨てられる体質」ではありませんでした。着ない服も抱え込み、クローゼットからモノが溢れていたのです。

でも、大きく捨てることで「溜め込み体質」から「捨てられる体質」に。その第一歩は実家からの引っ越しをきっかけに、服の大処分をしたことです。「高かったけど使っていない靴やバッグ」など、思い切って手放しました。社会人になってから一張羅《いっちょうら》として買った革製品でしたが、色々使いづらく、クローゼットで眠っていました。使った頻度で言えば元は取れていませんが、不要なものをクローゼットから追い出し、もったいないけれど手放せたことは大きな成功体験になりました。

服の処分は繰り返すほどにどんどん身につくもの。高い服や思い入れのある服ほど捨てにくいので、変色した服やサイズアウトした子ども服など、ハードルの低いものから始めるのがおすすめです。

一度大きく捨てる
経験をすると
捨てられる体質になる

基本は1in, 1out.

012

買うと捨てるはワンセットです。

新しいTシャツを買ったら古いTシャツを1着処分。新しい靴下を買ったら古い靴下を1足処分。そうしないと、当たり前に、確実に、服はどんどん増えてしまいます。

減らすことと同じくらい、意識していたいのは「増やさないこと」。たとえば私は下着は3セットと決めています。洗い替えとストックでギリギリの数ですが、管理の手間と買い替え頻度を考えるとこれくらいがちょうどいい。

いくらお気に入りの服ばかりでも、増えすぎれば、それもまたクローゼットから溢れ、管理する手間も服を選ぶ時間も2倍3倍に膨れ上がります。1着買ったら1着捨てる「1イン、1アウト」を厳守して、〝面倒くさい〟は手放したい。

服を処分する時間が取れないときは新しく買うのは控えるなど、そもそもの増やさない工夫も大事です。

ハンガーの数を増やさない

013

もしも「ハンガーが足りないな」と思ったら。それは、知らぬ間に服が増えている証拠。クローゼットを見直すサインです。

服を増やさないためにわかりやすい目安は「ハンガーの数を増やさない」こと。わが家は服をすべてハンガーにかけているので尚更ですが、ハンガーさえ増えなければ服が増えることもありません。

ちなみにハンガーは見た目もとても重要です。クローゼットをキレイにしたいと思ったら、最初に変えるべきはハンガー。色も素材もバラバラだとそれだけで散らかった印象は3割増しに。ハンガーを統一すると、それだけでかなりすっきり見えるのです。

わが家はハンガーを白で統一していますが、クリーニング店でもらえる黒いプラスチック製のハンガーで揃えるのもおすすめです。しっかりしたつくりなのでどんな服にも向きますし、お金をかけずに揃います。

処分という形でケリをつけることも時に賢明

014

いらない服を処分するサイクルが身につくと、「大処分後の物欲問題」に直面するかもしれません。

「古いとはいえまだ着られる服を捨てて、買い物をして、無駄遣いをしているのでは？」と不安になる人もいますが、大丈夫。捨てる前と後では、おしゃれ度もワードローブの満足度も格段にアップしています。「着ない」「似合わない」服を追い出し、「着る」「似合う」服が増えるのですから当然です。

捨てることで買い物のレベルも上がっているので、新しく選ぶのも楽しいはず。たとえば若い頃に買った重く肩の凝るコートを手放せたら、年齢を重ねた自分は軽く暖かいダウンを選んで快適に過ごせます。

私が服の処分に悪いイメージがなく、むしろウキウキでいられるのは、買い替えのご褒美があるから。そして、リサイクルの徹底で「服に対してできる限りの礼儀は尽くした」という自信が持てているからかもしれません。

大きく捨てたあとの物欲問題

あれこれ考えるより手元に残らない物がベターかもしれない

015

若い頃、記念日に夫にリクエストした「ミッキーマウスの腕時計」。実物写真も見せて説明したつもりでしたが、買ってきてくれた時計にいたのは全然違うミッキーでした（笑）。さらに、好きなブランドのピンクベージュのお財布をお願いしたときは、「その色がなかった」と代わりにショッキングピンクのお財布をもらうことに。確かにピンクはピンクだけれど。

そんなことが何度か続いてわかったのは、「こだわるポイント」と「妥協できるポイント」は、たとえ夫婦でも共有が難しいということ。

記念日のプレゼントは高価になりがちなのに、使わないものをもらってしまったらもったいない。返品・交換も手間です。今は「誕生日に好きなモノを自分で買う」というルールに落ち着きました。

お気に入りのモノでも、数年で好みが変わることは多々あります。そんなとき人からもらったという付加価値があるとなおさら捨てにくい。プレゼントには食事やお花など消え物がベターかなと思っています。

夫婦間でプレゼントしない

お気に入りの時計は自分で選んだもの。左からZUCCa、LOBOR、ダニエル・ウェリントン、カシオ。

しなくていい家事はしない

016

正直、家事全般が好きじゃありません。なので、いつも「家事を減らす」を意識しています。掃除をルンバに任せたり、料理をパターン化するのもそのひとつ。中でも劇的に家事を減らせたのが、服の量を絞り、すべて「かける収納」にしたことです。

トップス、スカート、ワンピースなどワードローブの大部分をクローゼットのハンガーバーにかけるシステムにしたことで、「たたむ家事」から解放されました。今ではたたむのはタオルや下着くらい。

平日は仕事から帰ったら洗濯機を回し、室内に干して、次の日乾いたらそのままクローゼットへかけるのがいつもの洗濯の流れ。日常的な「アイロンがけ」というアクションは絶対に入れたくないので、アイロンのいらない服選びも心がけています。ちなみにシャツは、脱水が終わったあとに一度「アパレル店員さんのたたみ方」で軽くたたんでから干すと、ノーアイロンでもシワがつきにくいです。

「かける収納」で家事がすごく減らせる

季節の移ろいが楽しみになる

017

衣替えは楽しいことしかありません。「夏はこんな服を着たいな」とウキウキ。今の気分で服を選べる、ご褒美のようなもの。

こんな風に季節の移り変わりを楽しめるのは、「シーズンごとに服を出し入れしなくていい」クローゼットに変えたおかげです。徐々に服の量を絞って、いまはクローゼットで一括管理。オフシーズンの服も常時出しているので、いわゆる「衣替え」の手間はゼロ。

シーズンが去った服の見直しは、スイッチが入ったときに。新しい服が入ってから「去年着てたこういう服、今年はあんまり好きじゃないな」と納得して手放すこともあります。

「ホコリをかぶらないんですか？」と聞かれることがありますが、ホコリはかぶります（笑）。でも不織布などを掛けるとそれはそれで管理の手間が増えるし、なにより見た目が美しくないので、シーズン初めに洗うくらいでOKということに。そのときに襟元が伸びていないかなど点検もして、一石二鳥です。

衣替えをしなくていい
クローゼットをつくる

衣替えをしない
クローゼット解剖

何度かの大改革を経てたどり着いたクローゼット収納、
つぶさにお見せします。

寝室隣の2.5畳ほどを夫婦のウォークインクローゼットとして使っています。奥にワードローブ、手前にアウターを収納。どのジャンルも「左列が私、右列が夫」を原則に収納。奥に見えるのは楽天市場のアーネインテリアで購入した姿見です。

使用頻度の低いバッグ

スペースが限られているので、出番の少ないバッグやかさばるバッグはたたんでプラスチックケースに収納。ワードローブ下の空間にすっぽり収まっています。

ハンガーは白で統一

収納用品は背景の色に揃えて同化させるのがマイルール。ハンガーも白で揃えています。左からMAWAハンガー「ズボンツリ ホワイト」（ボトム用）、ダイソーのすべり止めハンガー（夫のトップス用）、MAWAハンガー「エコノミック36」（私のトップス用）、IKEAの「BUMERANG」（アウター用）。

服はグラデーションになるようにかける

ワードローブはグラデーションになるように並べるのがこだわり。整頓されて見え、配色も考えやすいです。全シーズンの服を一括管理しているので、365日入れ替えなし。この写真には写っていませんが、右列には夫の服があり、中央が白、右端が黒になるよう、やはりグラデーションでかかっています。

私のエリア　夫のエリア

オープンラック

かけられないものはオープン収納

小物やパジャマなど、 バーに掛けられないものはベルメゾンの白のメタルラックに収納。 そのまま置くと乱雑に見えるものは無印良品の「やわらかポリエチレンケース」に入れています。ラックにはキャスターをつけているので、 掃除もらくちん。

1. パジャマ
2. 帽子
3. 洗濯物
4. ブラシなど
5. 重いニットなど
6. ボトム
7. よく使うショルダーバッグ

こまごましたものは引き出し収納

靴下やインナー、使用頻度の低いウェアは、イケアの浅い引き出しケース（販売終了）にジャンルごとに収納しています。収納用品はすべて白を選んですっきり&清潔感をキープ。

1. 靴下
2. インナー
3. オフシーズンのパジャマ
4. オフシーズンの小物
5. 靴下
6. ストック類
7. スポーツウェア
8. オフシーズンのパジャマ

引き出し収納の最上段はフタがないので、靴下をワンアクションで出し入れ可能。楽天市場のまんまる堂で購入した「ハニカムパーテーション」を入れ、1足ずつ仕切って見渡せるように。

クローゼット上収納

クローゼット奥の上段には、オフシーズンの寝具を収納。IKEAの「SKUBB」は羽毛布団を入れても形が崩れず優秀。

クローゼット手前の上段には、ニトリの「Nインボックス」に生活の道具を収納。「旅行」「インテリア」「アート」「キッチン」「パジャマ」「カメラ」とジャンル分け。

アウターは一番アクセスのよい場所に

帰ってきたらすぐ掛けられるように、 アウターの置き場はリビングから近いクローゼットの出口。 生活動線を考えると、 クローゼットの配置は自ずと決まります。

Chapter 2

お気に入りの服だけ手に入れる

好みなんてあまり変わらないようで微妙にすこーしずつ変化してたり
1シーズンでもコロっと変わったりするものだから
「来年の自分は別の人」と心得て買い物に挑むのが正解！

読むだけで成功する お買い物の格言

おしゃれな人を
目指すより、まずは
「常にダサくない人」

今日と昨日と明日の服が
その人のセンスと印象

妥協で服を買うくらいなら、
その服1枚ないほうが
お金とセンスが保たれる

下着は結局自己評価

30歳過ぎたら量より質

家から遠くなるほど、
財布のヒモはゆるくなる

ヒマとストレスは
お財布の敵

どうしても欲しいモノに手が届くのなら、
さっさと買って1秒でも
早く長く使うのが結局一番アガるし安い

買い物の量を減らせば
買うモノの質は上げられる

試着するのは節約のため

"もったいない"では終わらせない

018

「ウィッシュリスト」はよく聞きますが、「買わない物リスト」は、どうでしょう?

以前、「服選びのポイントは?」と聞かれたときに「買わない服」を箇条書きにして公開したらとても反響がありました。64〜65ページで詳しくご紹介していますが、実はこれは公開用。できるだけ参考にしてもらえるように絞ってあります。ここ数年の個人的なNGリストには、「花柄ワンピース」や「ボーダーの服」「ダークグレーの服」なども入れています。

リストの作り方はとてもシンプル。「今まで買ってもったいない段階で手放してきた服」たちです。「自分の」手放した服で考えるのがポイント。

捨てるときはもったいないと感じる瞬間が多いですが、「もったいない」で終わらせないこと。リストを更新するごとに、服の失敗がひとつ減り、どんどん似合う服を選べるようになる。そんなブラッシュアップサイクルが理想です。

過去に捨てた服を買わない

私の買わない服リスト

❶白くて高い服

初めて着た日にコーヒーをこぼしたことが2回ほどあり、白い服は買い替えを考えられる予算内に限定するように。

❷薄手のニット

毛玉取りクリーナーに負けてしまうような薄手のニットはもう買いません。

❺足さばきの悪いスカート・パンツ

歩いているときや階段で巻き込んでしまう、長すぎるボトムス。リアルに命の危険を感じます。

❻片手で履けない靴

むしろ片手も使わず履きたいので、チャック式のブーツなどはかわいくても買わないように。

❹重すぎるコート

どんなにかわいくても、 もう重いアウターは着られません。 肩が凝るとか色々な理由で結局着なくなる!

❸綿100%じゃないTシャツ

Tシャツは毛玉がつかないようにすべて綿100%にしています。 春夏まで毛玉取りはしたくない!

❽ 派手色の服

「ピンクのボトムが欲しいな」 などと思うこともあるけれど、 差し色はすぐに飽きて手放してきたから慎重に。

❼シワになりやすい服

アイロンが嫌いすぎて、 洗うとシワシワになってアイロンが必要な服はもう「買わない」と決めています。

ゆるく1in,1out.

019

服の買い替えのタイミングで意識しているのが、「同じ役割の服をいくつも持たない」ということ。

スウェットや白いブラウス、黒のロングスカートなど、定番で好きなアイテムは増えがちですが、私は「1アイテム1着」を基本ルールとしています。買い替えないシーズンは、古いものを残しておく。するとその服が空席にならないので、クローゼットには常に最旬のスタメンが待機している状態になります。

最近入れ替えたのはお仕事用のスーツ。こなれて見えるリネンのジャケットと、色と質感が似たパンツを見つけたので、数年前に紳士服量販店で買った紺色のスーツを手放すことにしました。

定番のアイテムでも、丈が長くなったり、形がワイドになったり、薄さ、透け感など絶妙な変化が毎年あるもの。そのときの好みと一緒に旬な感じも取り入れたいので、予算内で少しずつシフトさせています。

同じ役割の服は ひとつでいい

新しいジャケットはGU、 パンツはSLOBE IENA

アウターも
役割ごとに1着ずつ

SPRING/AUTUMN

「休日用」スプリングアウター

カジュアルな休日服に合わせるのはアーミーシャツ（Spick & Span）。Lサイズでオーバーめに着ています。

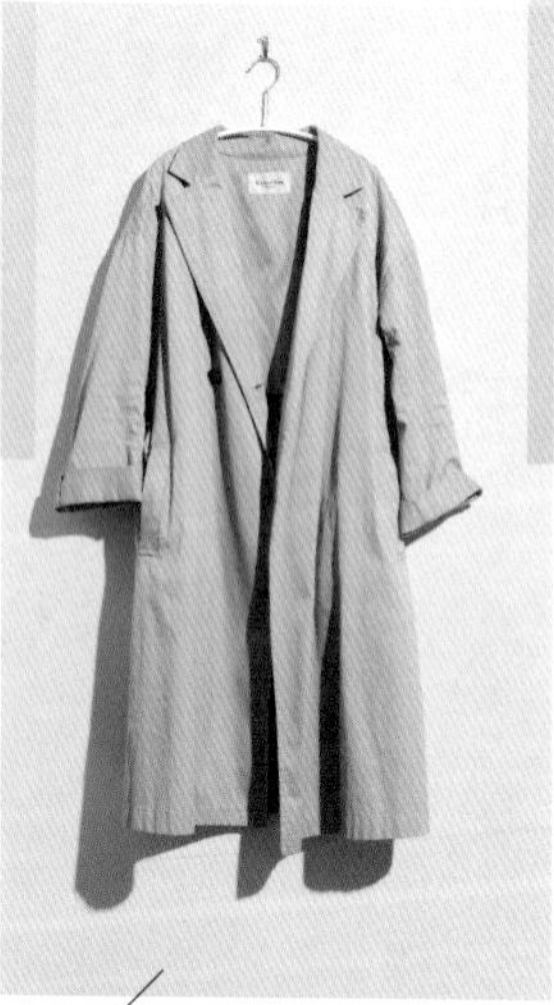

「通勤用」スプリングアウター

通勤服がオフィスカジュアルなので、羽織るアウターもややきれいめのスプリングコート（le.coeur blanc）。

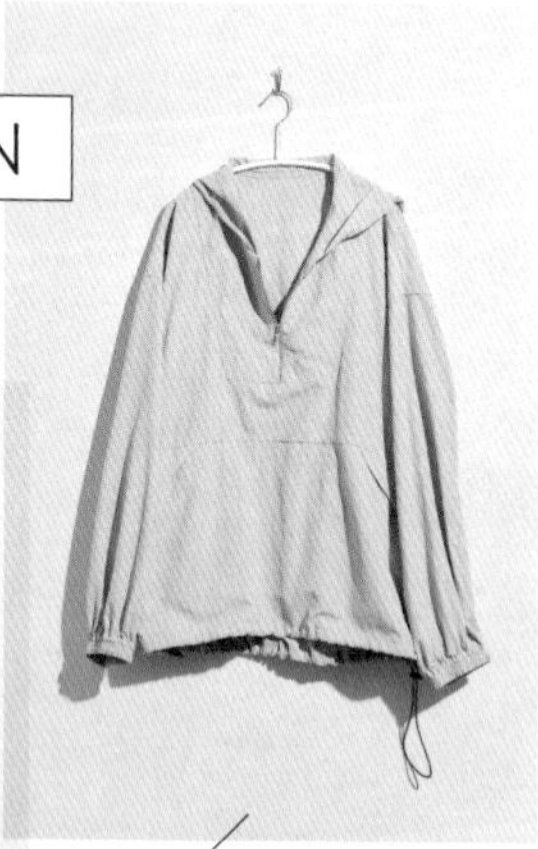

「端《は》境《ざかい》期《き》用」ナイロンパーカー

アウター未満、洋服以上の軽量アノラックパーカー（Discoat）は風よけができて季節の変わり目に活躍。

WINTER

「休日用」コート

薄手で着やすいキルティングジャケット（Discoat）。カーキはどんな服にも合わせやすくリピート買い。

「通勤用」コート

冬の通勤用に買ったロングのチェスターコート（andme）。中にかなり着込めるオーバーサイズ。

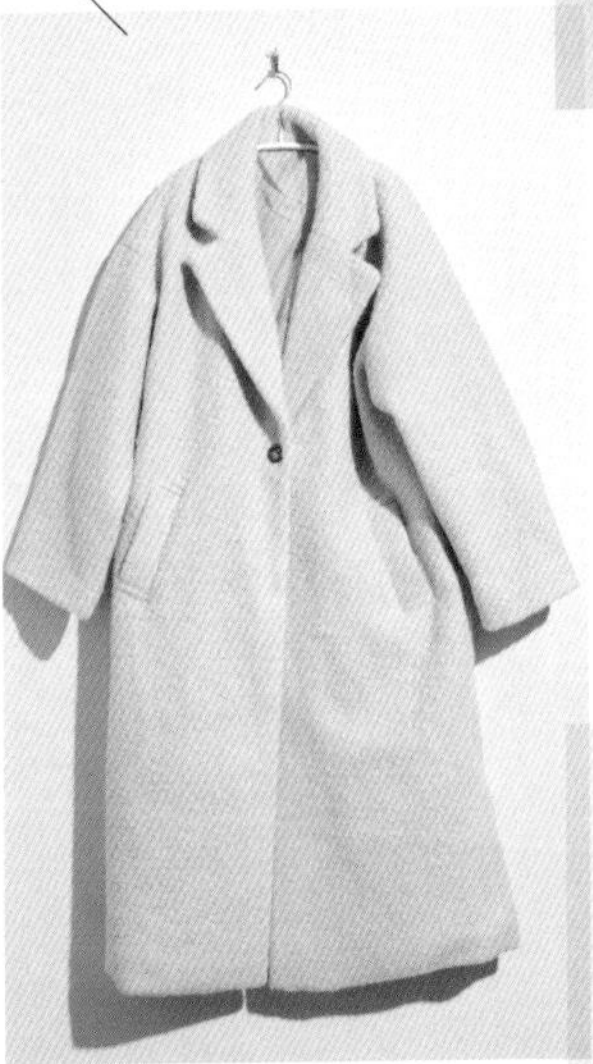

「雪遊び用」ダウンコート

スキーなど家族で雪遊びに行くときに着る最強ダウン（ワークマン）。着る頻度は低いのでコスパと機能性重視。

買い方のルール

1

初見のものは24時間おく

「その日見つけたものは、当日買わない」と決めるだけで服の失敗はかなり減らせます。

ネットショッピングのタイムセールなどで焦るのは失敗のもと。急ぐとサイズを間違ったり、デザインの細部が好みじゃなかったりするので、必ずひと晩考えます。

そのときはいいと思っても、パッと買ってしまうと結構な割合で落とし穴があります。届いたときに「袖にこんな柄がついてたのか……！」と気づくショックと言ったら。24時間以内にしか買えないモノは検証が足りないまま買うことになるので、「損して得とれ」の気持ちで見送るのが賢明です。

リアル店舗での出合いでも、なるべく1回は持ち帰って考えるように。一瞬のときめきをあまり信じません。試着して、写真を撮って帰宅したら、落ち着いて再検討。SサイズとMサイズ、どちらがいいのかそのときは判断がつかなくても、時間が経つと冷静にジャッジできたり、メリットは無限です。

買い方のルール

2

値段で迷うなら高いほうを買う

値段で妥協するとまた同じような服が欲しくなるので、迷ったら高いほうを選びます。

色々なものを見た上で本当に最後「どうしよう」となったとき。そこで値段を決め手にしてしまうのはもったいない！ と感じます。

たとえば、どちらを買うか迷っている服が2着あるとします。ボタンの位置や素材、「丈がこれだと心配」などいくつか迷っているポイントがあるのに、「こっちがセールになってたから」と最後に値段で決めてしまうと、のちのち迷っていたポイントが必ずネックになります。

また、ちょっと背伸びのアイテムを買いたいとき、ファストファッションに類似品があって迷っても、そこは本家を選びたい。類似品は、使うたびに「本家だったらもっとカッコよかったかな」「本家じゃないからこうなのかな」というネガティブな比較がついて回ります。値段が10倍とかならまた話は違いますが、迷うレベルの差なら本家一択だと思います。

買い方のルール 3

迷っているうちは買わない

迷いがあるうちは我慢！

どこか迷いが残ったまま買ってしまうと、あとからずっと「あっちにすればよかったかな？」と引きずることになります。

要注意なのがショッピングサイトのお気に入り機能。一度購入を検討したものを「お気に入り」に入れると、「タイムセールで50％OFF！」など通知が来ることがよくあります。お得に感じて欲しくなってしまうのですが、グッと踏みとどまる忍耐が必要。

迷ったまま購入に至っていないのは、サイズへの不安や生地が微妙など、必ずウィークポイントがあるはずです。71ページでも触れたように、迷った理由を全部無視して値段で決めてしまうと、高確率で失敗することに……。迷っている理由が解消されないまま買って、なんとかなることってほとんどありません。

もし迷っている理由が「値段だけ」なら、もちろんGO！　私も買うと決めたものを「お気に入り」に入れておき、予算まで値下げを待つ作戦はよくします。

買い方のルール

4

お気に入りの服の素材を覚えておく

「着心地がいい」とか、「長持ちする」とか。お気に入りの服ができたら、タグを見て素材を覚えておくのがとてもおすすめです。

好きな素材がわかれば検索もらくちん。オンラインなど試着できない服を買うときに大きな判断材料になります。

私の素材選びは「毛玉ファースト」! 毛玉のついた服は古く見え愛着も持てなくなるので、クリーナーで取る以前にそもそも毛玉のできない服を選びます。化学繊維は摩擦で毛玉ができやすいので、できる限り綿100%を。肌にもやさしく安心です。ただし、レーヨンは着心地がよく洗濯にも強いので綿とレーヨンの混紡生地もOKにしています。

ニットなら、ウールが毛玉ができにくい印象。編み方もポイントで、編み目がフラットではなく、ケーブル編みなどローゲージなものは毛玉取りクリーナーをかけたときに決定的なダメージを与えにくく、長く着られる気がしています。

買い方のルール

5

リピ買い可能な服を選ぶ

定期的に買い替えが必要な服は、その都度探す時間が惜しいので、定番のものを選ぶととてもラク。特に下着やインナーがそうです。

お店が近くて買いに行きやすい、オンラインでも購入可能、廃盤になりにくい定番商品など、買い替えやすい設計にしておくのも大事なポイント。私はよく訪れるショッピングセンターのお店でお気に入りを見つけたので、いまや秒で下着を買えるように。

インナーとして着るロンTや、タイツ、ストッキングなども、リピート買いするくらい好きな定番品があると買い物が断然ラクになります。

ゼロから探す旅に出るのと、同じものをまた買うのでは労力がまるで違います。ハードルが低ければ買い替えもこまめにできるので、新調を後回しにしがちな下着やインナーの清潔感を保てます。

また、ブランドを絞るのも効率的。同じブランドの同じラインならパンツなどの形も似たものが多く、自分の体形に合うものが見つかりやすいです。

買い方のルール

6

安い服こそ試着する

たとえ100円でも、新品同様のモノを捨てるのは誰でも惜しいはず。やっぱり着てみなければわからないこともたくさんあるので、どんなに安くても試着できるものはすべて試着してみます。

むしろ高いモノは返品のシステムがしっかりしているので、安いモノほど気をつけるべきかもしれません。安く買ったモノは送料と返品の手間とのバランスを考えると「捨てたほうがマシ……」となりがちで、捨てるには惜しくそのまま残り続けてしまうので、クローゼットを圧迫する原因になります。

下着もできるだけ試着できるお店で買うのがベター。下着は返品もリサイクルショップへの持ち込みもできないので、失敗したら処分するしかありません。それでも「まだ着られる」下着はクローゼットに残りがちなので、失敗の予防線を張っておくに限ります。

私も下着はオンラインで買うことが多かったのですが、一度店員さんに勧められて試着してみると「全然違う」と気づき、以来試着を心がけています。

買い方のルール

7

家で着てみて脱ぐまではタグを切らない

たとえ買うまでに24時間おいても、買い物の失敗はあります。なので最後まで気を抜かず、家に帰ってから「値札をつけたまま」もう一度試着するようにしています。

値札を切ってしまうと返品できなかったり、自分もお店の人も手間がひとつ増えます。

着て鏡を見て「よし！」と思ってから、外に着ていくその日まで、値札はそのままにしています。

値札を切らないメリットはあっても、切るメリットはどこにもありません。値札をつけたままクローゼットにかけておき、結局着ずに時間が経ってしまうことがあっても、値札つきであれば売りやすい。また、誰かにゆずる場合も、値札を切っていなければ真新しい印象でお渡しすることができます。

ちなみに子ども服も、家で子どもに着せてみるまでは値札はそのまま。一緒に選んだ服以外は、気に入らなければまったく着ないこともあり得るので、大人の服以上に返品の可能性をギリギリまで残します。

買い方のルール 8

来年分として買わない

好みも流行も体形も環境も、1年後は予測不可能。シーズン終わりはなるべく服を買いません。丸1年後の買い物を今年するのはリスクのほうが大きいので、セールにも要注意！

ある年にとても気に入った服を、シーズンの終わりに買い足したことがありました。ところが、翌年にはまったく着る気が起きないのです。これには自分でもびっくり。1年で流行も気分もこれだけ変わるんだ、と実感しました。

シーズン終わりはセールで安くなるのでつい買いたくなるのですが、結局着ずに終わって「損をする」経験を何度か経て、来年用の服は買わなくなりました。

個人的には、先取りしても問題ないのは次のシーズンまで。春夏シーズンに秋冬ものを買っても、そうそう失敗することはありません。翌シーズンの服は早めに出回るので、むしろ早く探したほうが種類が豊富。かわいいサンダルは冬に買っておいたりします。

色違いで2〜3着！

020

前項で「同じ役割の服はひとつでいい」と書いたのですが、シーズンごとの主役アイテムだけは別！　Tシャツ、ワンピースなど毎日着る服で「お気に入り」が見つかったら、色違いで2〜3着揃えます。

素材もデザインも好きな服って、探し当てられたら相当ラッキー。それを週に1〜2回しか着ないのはもったいない。色違いで3着揃えれば、1週間の大半をお気に入りの服で過ごせます。

運よく好きな形のワンピースを見つけて3色買った年は、そのシーズンはほかに何も買い足す必要がありませんでした。レギンスを加えたり、インナーを入れ替えるくらいで大満足。コーディネートをほぼ考える必要がなくて、毎朝とてもラクです。

選ぶ色の筆頭は合わせやすい白、黒、ベージュ。カラーバリエーション次第で明るいグレーやブラウンなど。個人的なNGカラーは今はネイビーとダークグレーですが、これも少しずつ変化しています。

同じ形で3枚「イロチ買い」する

上／タートルネックニット（ユニクロ）。長すぎないネックデザインとあたたかくて毛玉の目立ちにくいウール100%の絶妙な素材感がポイント。下／1500円くらいで購入したリブTシャツ（ユニクロ）が今期のお気に入り。綿&レーヨン混紡で素材OK、カジュアルすぎないデザインも◎。

色数を絞ってトーンを揃える

021

手持ちの小物はすべて黒です。どんな服と組み合わせても黒なら絶対ＯＫなので、コーデが最高にラク。「何にでも合う」という点では白もいいのですが、白は汚れが目立ちやすく気を使うので、どうしても黒が多くなります。

組み合わせの手間を考えて、服もほとんど色柄は選びません。たまに遊びの色を取り入れても、度々飽きてしまって処分の対象になってきたので、色に対しては慎重です。インテリアと同じで、たくさんの色を使って素敵に見せるのは難しいもの。「センスがなくてもおしゃれに見せるにはどうしたら？」と考えたら、色数を絞ってトーンを揃えるのが簡単でした。

私はワードローブの基本を「白、黒、ベージュ、茶色」、小物は「黒」、アウターは「カーキやベージュ」にして、何も考えずに組み合わせてもおかしくならず、冬に全身真っ黒にならないように、など「ほどほどおしゃれ」を目指しています。

「小物は黒。」で
何も考えず
コーデは完成

少ない服のメリットはたくさんある

022

少ない服はいいことずくめです。
・選ぶのがラク
・ワンシーズンで着倒せる
・1枚あたりの予算を上げられる
・管理の手間が少ない

服の量が多いと、まんべんなく着ようとして服選びが複雑になりがち。着たくない服を無理やり着たり、着ないままクローゼットを占領したり。「あまり着てないな」と思っても、着た回数が少なければもったいなくて捨てられません。

対してワンシーズンで着倒した服は、「あんなにたくさん着たんだから」と納得して手放せる。「次はどんな服を買おう?」と軽やかに気持ちを切り替えられるので、結果、服を楽しめるように思うのです。77ページでも触れたように、好みは毎年変わるので、少ない服をシーズンごとに総入れ替えするのもアリ。

買う量を減らせば、1枚1枚の予算を上げられ、満足度も底上げされます。

最大のコツは選択肢を絞ること

023

オンラインでの買い物は「お店」と「ブランド」の選択肢を絞るのが最大のコツ。

大事なのは通販サイト選びです。私がよく利用するのは「楽天ファッション」と「ZOZOTOWN」。「楽天ファッション」は「楽天市場」と比べて有名ブランドが多く、買うときはやや割高に感じたとしても品質としてのハズレが少ない。手放すときもリサイクルショップで値段がつきやすい印象です。大手通販サイトに多いプチプラのノーブランド品は失敗する確率も高く、売るときも価値が限りなくゼロに近いのであまり手を出さなくなりました。

「ZOZOTOWN」は購入履歴からサイズ比較ができたり、似たデザインの服を一覧できる機能があったり、とにかく丁寧。返品もシステム化されています。

ブランドを絞るのもポイントのひとつ。「ここの服はだいたい似合う」というブランドが見つかれば、さらに失敗を減らせます。

プチストレスはサッと解消して切り替える

024

「節約、節約！」と考えすぎると、必要以上の我慢をして、結局妥協で買い物をしてしまいがち。それでは本末転倒なので、節約もほどほどに、と思っています。

たとえば送料。

「〇〇円以上で送料無料！」というオンラインショップは多いですが、送料をなくすために不要なモノを買うほうが結果的にムダ遣いです。送料はお店までの交通費と割り切ってムダな出費を減らしたいもの。

お金の使い方で特に意識しているのは「ラテマネーをケチらない」こと。浪費の鍵はストレスだと思っているので、自分のご機嫌をとりながら、とにかくストレスを溜めないようにしています。

身近なストレス解消アイテムは、コンビニコーヒー。「もう少しで家だから」とか、「家で済ませば安くすむ」とケチらず、しっかり自分を労うことで気持ちを切り替えてまたがんばるぞ！　と思うようにしています。

ラテマネーは
ケチらない

考えない、1秒コーデ

025

子どもの服は「誰も何も考えなくても完成する」ことを目指して、上下どちらかの色を固定しています。

すべてバラバラの色柄ものだと、着替えのたびに組み合わせにちょっと頭を使いますが、「ズボンはすべて黒」なら1秒も考えずコーディネートが完了。誰かに着替えさせてもらうときでも、子どもが自分で着替えるときでも、「アロハ柄×星柄」のような組み合わせになることなく、母としては安心&らくちんです。

そもそも子どもの服や持ち物はサイズが変わりやすかったり、着替えがたくさん必要だったり、イベントごとにさまざまなモノの用意が必要だったり。親のタスクとしてとても大きいので、〝私がラクな〟仕組みを作るのを一番に考えています。

子ども服を探すのはユニクロ・GU・バースディ・楽天・ZOZOTOWNなど。1着買ってみてよかったら「イロチ買い」できるメーカーで買うのが基本です。大人の服より自由度が低く難しいので、翌年のことや下の子のことを想像するより、いっそ厳選して早めに着倒すほうがコスパがいい気がしています。

私的なこだわりは、「綿100%」と「兄弟でおそろい」。また、夏は子どもが派手色のズボンを穿いているのが好きなので、ほかの季節とは逆にTシャツを白黒に限定してパンツの柄で色々遊んでいます。

キャラもの問題はパジャマと靴下、お弁当袋などの小物で解消。それをめちゃくちゃ「かわい～」と褒めちぎる作戦に。今のところ長男はすみっコぐらし、次男はカーズが大好き。服以外はなるべく好きなキャラものを準備しておいてテンションが上がるようにしています。

子どもたちは6歳と3歳ですが、着心地へのこだわりと先生に可愛いと言われたい気持ちはすごいです。

SUMMER

トップスを固定

夏は派手色のショートパンツを楽しむために、トップスを白&黒のTシャツ（ユニクロ、GU）に固定。兄弟で揃えるとよりかわいいです。

SPRING/AUTUMN

ボトムスを固定

秋～春はボトムスを綿100％の黒い長ズボン（ユニクロ、楽天）に固定。
合わせるトップスをまったく選ばないので何も考えず着替えが完了。

イマイチな日を減らす

026

友人が前回会ったときに着ていた服を思い出せますか？　人は案外、覚えていないもの。きっとレパートリーってそれほど重要ではないんです。

着たくない服や似合わない服でコーディネートの幅があるより、似合う服をずっと着ている人のほうが、はたから見たら断然おしゃれ。

学生時代、みんなお金がなくてプチプラの服を着ている中、7万円の素敵なジャケットを毎日羽織って通学する友人がいました。「これしかないから」と言いながら365日上質な服を纏《まと》っている彼は、レパートリーはなくてもその意思の強さもあいまって、誰よりおしゃれに見えたものです。

これは極端な例ですが、最高の組み合わせがシーズンごとに2〜3組あれば、1週間ずっとおしゃれに過ごせます。本来、それで十分なはず。「着回して色々なコーデにしなくては」と焦らず、イマイチの日を減らす、を優先しています。

最高のコーデが
2〜3組あればいい

工夫をしない(笑)

027

本当に好きなスタイルの人をSNSなどで見つけたら全身マネしてみるのがおすすめ。

1アイテムだけマネしても、手持ちの服や小物との組み合わせで結局悩むことになるので、とにかく「全身マネ」。

コーデで意外と大切なのは「靴は何を合わせるか?」や「インナーに何を着るか?」だったりするから、「Instagram」や、「WEAR」など、アイテムの詳細がわかるアプリを活用して、好きな人のコーディネートを全揃えしてみるのが早いしラク。

たとえば3点マネして買ったら、それぞれのアイテムの着回し投稿もマネできます。結果的に、センスのいい人の着方をかなりの割合で再現可能に。

センスゼロからのおしゃれには、これが一番の近道かも。こうしたトライのために、服を減らしておくことも大事です。量を絞ったクローゼットなら新しく買う余白があるので、2~3点なら買ってみようと思えますよね。

おしゃれな人を全身マネする

おしゃれに近づく5つの作戦

028

Tシャツとデニムだけでおしゃれ！　という人は何を着てもカッコいいので、服を選びませんよね。でもそんな恵まれたスタイルのいい人は一握り。

オリジナルな自分でおしゃれになろうと思ったら、5つの作戦が有効です。

・似た体型のインフルエンサーをフォローする
・自分の全身を写真に撮る
・似合わなかった服を処分
・着ない服リストをつくる
・服の色を絞る

92ページで「おしゃれな人を全身マネする」という提案をしました。これに補足がひとつ。参考にする人は、自分の身長や体形に近い人を探すこと。スタイルが違いすぎるとアイテムをなぞってもしっくりこないし、体形が似た人のほうがカバーしたいことも同じで、マネしたときに素敵になりやすいからです。

私も以前、SNSでプチプラをおしゃれに着こなしている人を「素敵だな」と思ってフォローしていたのですが、悲しいかな、スタイルが違いすぎて参考にならないことに気がつきました。

自分と似た体形のファッショニスタは貴重なので、素敵な人を見つけたらとにかくチェックです（笑）。

全身の写真を見ることも大事です。

写真を撮ると気づくことは本当に多くて、自分では気づけなかったことも写真だと「人には私がこう見えているんだ」と、いきなりわかったり。

わが家は玄関に全身鏡を置けないので、時々訪れるショッピングモールの大きな鏡でそっと自撮りをするのですが、そのたびに「太って見える」「インナーがなんか変」「ワントーンは似合ってる」など、似合う・似合わないの気づきがあります。

靴まで履いた状態で写真に撮られるって、意外と機会がないもの。玄関に全身鏡を置けたらベストですが、まずはどこでもいいので「撮る」だけでかなり意識が変わります。

足元見られるその前に

029

靴は持ち主の生活や性格を想像させてしまうもの。靴がピカピカな人は行き届いて見えるし、靴のかかとがすり減っている人は疲れて見えてしまいます。

ふいに脱ぐ機会があるのが靴の恐ろしいところで、小上がりの飲食店や、お邪魔したオフィスなどで予期せずに脱いだとき、人に見られてしまうことも。脱いだときのほうが状態の良し悪しがはっきりわかるので、普段から意識してお手入れするしかありません。

お手入れをするにあたって、靴を全出しして写真に撮るのは有効です。写真に撮ると「きれい／汚い」が悲しいほどによくわかる（笑）。

また、全出ししてみると同じアイテムを何足も持っていることに気づいて数を減らせたり、買い替え・買い足しの必要なアイテムもハッキリします。お手入れと整理が一気にできて、一石二鳥。

服を全部出すのは重労働ですが、靴の全出しなら1時間もあれば終わります。やってみると靴がきれいになるし、発見があって面白いですよ。

靴の「全出し」のすすめ

上／靴は1種類1足で、すべて黒です。左から厚底で疲れにくいスニーカー（Reebok）、夏のサンダル（ナイキ）、毎日履くスリッポン（コンバース）、通勤用パンプス（ATELIER BRUGGE）、足袋バレエシューズ（Christine Sheil）
下／水分の多い雪が降るので雨や雪道ベースの靴は多め。左からショート丈レインブーツ（SHEIN）、ムートンブーツ（UGG）、長靴（Parade）、タウン用のブーツ（MARECHAL TERRE）

不器用さんにこそ使ってほしい

030

やっぱりチラッと見える指先がキレイだと、とにかく自分のテンションが上がります。

セルフジェルなら夜中に思いついたときにできて、お店に通うよりラク。単色塗りなら本当に簡単で不器用な私でもできました。

私のセルフジェルの一番のポイントは、カラーの前に「はがせるベース」(ジェルミーワン)を塗ること。飽きたら除光液なしでペリペリ剥がせて、面倒なオフの時間と手間がゼロ。面倒くさがり屋さんには全員におすすめしたいくらいです。

UVライトは肌にやさしく硬化の速いLaCurieの「LED&UV ジェルネイルライト」を使っています。大きくてかさばるのが難ですが、60秒でしっかり固まります。普通のネイルだと十分に乾くまでお布団に入れず、翌朝よれていることもありますが、ジェルネイルならすぐ寝られて快適そのもの。

選ぶ色はカーキやベージュ、ブラウンなど。気分で変えられるセルフがとても気に入っています。

夜中に楽しく
セルフジェルネイル

使い切りとリピ買いがストレスフリーのカギ

031

コスメの収納に困っている人は、一度大処分をしてみるのがおすすめです。収納に困ったり、溢れていたりするのは適量を超えているサイン。思い切って減らすことで必要な量が見えてくるかもしれません。

私も過去にコスメ大処分の経験ありです。服と同じで「もったいない段階で手放したもの」は「買わないものリスト」に仲間入りに。だからオレンジのチークもカラフルなパレットも、以降は買わなくなりました。

持っているのは今絶対使うアイテムだけ（ファンデ、パウダー、リップ、眉マスカラ、アイブロウペンシル）。少ないので使い切ることが増え、お気に入りをリピート買いするように。合うものを探す手間もなくストレスフリーです。

コスメは腐らないのでいつまでも使えてしまいますが、開封後は時間とともに品質が落ちるのも事実。だからざっくり「〝消費期限〟は1年」と決めて、買い替えの基準としています。

コスメの〝消費期限〟は1年

Chapter 3

捨てていいモノと気持ち

本当に必要なものは目に見えない。
だからそれ以外の形あるモノは
必ず人生のどこかで手放すことになる。

10代の頃に知りたかった
人付き合いがラクになる格言

意地悪しなきゃ、
みんなに優しく
なくていい

昔の友達と
疎遠になるなんて
全然フツーのこと

相手を傷つけるためだけに発している
人の言葉は1ミリも気にしなくていい

誰が幸せになっても自分の幸せは減らないの。
人生は同じ箱の中のくじ引きなんかじゃない

あいさつを返さない人に
あいさつしないのは、最低なやり方に
自分が合わせることになる

人は変えられない

仕返ししない、
でも忘れてあげない

ガッカリしたなら、
期待のしすぎ

自分を大切にしてくれる人を
あなたも大切にすればいい

捨てるも捨てないも どちらもただの 趣味嗜好

032

「実家を片づけたい」「家族にモノを捨てさせたい」と思うのは、意地悪でも、責めているわけでもなく、愛そのもの。

ひとつだけ気をつけたいのは、相手の感情まで否定しないことです。

モノが少ない時代に育った人は、不要なモノでももらってきたり、家に溜めたりしがちです。でもそれも仕方のないことのように思います。今はなんでも簡単に手に入り、たくさんのモノに囲まれています。だからこそ私たちは手放したいと思いますが、それはきっと豊かな時代に育ったから。時代が違えば価値観も違うので、押し付けるのはナンセンス。

同じように、「パートナーがモノを溜め込むタイプでなんとかしたい」というご相談もよくいただくのですが、私は「まず自分が変わってみて、すっきりしたところを見せる」ことをおすすめしています。

人から変えようとされるって自分ならすごいストレスです。「相手を変えよう！」という気持ちはいったんしまって、自分の持ち物だけ、できるところをまず完璧にしてみる。すっきりした状態を見ると、相手も刺激を受けてくれるかもしれません。まずは自分、次に相手と考えるのが、無理のない順序です。

捨てるも、捨てないも、どちらも趣味嗜好に沿ってやりたいことをしているだけ。自分が正解で相手が間違っている、なんて思い込んでしまうとなかなかうまく進みません。

私の母も亡き祖母に買ってもらった桐のタンスを長い間、手放せずにいました。たとえ使っていなくても、倒れたときのリスクがあっても。片づけ好きの母でさえ感情が割り切れないこともあるのが意外でした。

手放すことだけが整理ではないし、わかっていてもできないことはある。一方的な価値観で誰かを責めることがないように、本来の目的や誰のために、など大事なところを見失わないアプローチが大切なのだと思います。

モノの量を大人が調整する

033

6歳と3歳のわが子たちには、「おもちゃを捨てる」がまだできません。お店でもらったおまけのおもちゃも、明らかにハズレのカプセルトイも、手に入れたモノはなんでも取っておきたがります。

でも、考えてみれば当たり前のこと。自分の子ども時代を思い返しても、小さい頃はなんでも欲しかったし、捨てるのも譲るのも惜しかった。

今だからこそ「いる・いらない」の判断軸があるし、「いらないモノは手放したほうがラク」とわかりますが、子どもはまだ「モノを所有する」経験を始めたばかり。

そもそも子どもは大人と違って自由に買い物ができないので、何かを手にする機会はすべて貴重。そんな中で捨てることにネガティブな印象しか持てないのも仕方がありません。

小さいうちは、まず「元に戻せる」ことができれば十分。モノの量を絞るのは大人が担当すればいい。処分するモノを一緒に考えるのはもう少し先でいいかな、と思っています。

子どもに「捨てる」は難しい

モノ自体はおまけ

034

プレゼントで大切なのは「想いを伝える」こと。「モノ自体はおまけ」と割り切っています。

相手を喜ばせたいからお金をかけるし、時間も割いて選びます。でも、自分のために選んだモノでさえ飽きたり失敗したりするのだから、ギフトを贈る相手にとって好みじゃないモノがあっても当然です。

使いたければ使えばいい。けれど使わないなら、「使えるうちに」手放すことが、もらった人しかできないモノに対する誠意かもしれません。

プレゼントは受け渡すその瞬間がすべてで、贈った側は案外モノの行方まで気にしていないもの。もしも「あれ使ってる？」と聞かれたら、「使ってるよ、ありがとう」と優しい嘘で返せばいい。

一緒に住んでいる家族や、よく家を行き来する人からの贈り物ならもう少し工夫も必要になりますが、「必要」「お気に入り」のモノだけに囲まれたほうが、暮らしの満足感が何倍にもなります。

贈り物は
想いが伝われば
それで十分

粗品の行き場を準備しておく

035

原色のスポンジや、カラフルなフェイスタオル。何かといただく「粗品」は開封せずリサイクルショップ行きのボックスへ直行です。

売ってもお得感はないけれど、お気に入りでないモノがキッチンや洗面所に置かれ、しばらく使うのは意外とストレスです。

「せっかくだから少しだけ使う」が一番もったいなくて、タオルもマグカップも、一度でも使ってしまうと価値はゼロに近くなる。

私が活かせないモノを活かすためのたったひとつの方法が、新品のまま、使ってくれる人に譲ることだと思うのです。

あらかじめ断れるものは断りますが、ネットショッピングなどで自動的についてくるおまけなどもあり、そのほとんどが厚意のもの。「ありがとう」といただいたあとの「粗品の行き場」をしっかり準備しておくことで、いただくことも苦でなくなります。

粗品はノータッチでリサイクルショップ行きの箱に入れる

ドンピシャを当てるのは難しい

036

誰かにプレゼントするときは「金券」または「絶対に好きなモノ」のどちらかに限るようになりました。もらって困るモノは、やはり贈りたくないからです。

たとえば金券なら、スターバックスカード。出産祝いならアカチャンホンポの商品券や、西松屋のギフトカード。結婚祝いなら、「予算はこれくらいだけど、超えても全然いいから」と欲しいモノを聞くことも。

相手が欲しくて好きな「ドンピシャ」を当てるって相当難しいもの。イチかバチかを狙うより、今必要としているモノが確実に届くのが一番です。

「絶対に好きなモノ」は、たとえば果物やお花など好みに合わせて選びます。消え物ならなにかと負担にならず安心です。

以前は「センスよく思われたい」という気持ちがあり、出産祝いにブランドものの子ども服を贈ったりもしていました。ですが子育てを経て、それもいいけれど本当に必要なのはおむつやおしり拭き、と感じることが多かったです。

「センスのよい贈り物」なんて考えない

"してもらうばかり"でもいい

037

年を重ねて思うのが、なんでも「人に合わせすぎるとつらくなる」ということ。

生活していると、気遣い上手な人に多く出会います。「〇〇さんのお祝いをしよう」とイベントを企画してくださる方もいれば、何かの行事でみんなの写真を上手に撮ってシェアしてくださる方も。

最初は「してもらってばかりでは……」と焦ることもありましたが、考えてみれば、気遣いに長《た》けた人を上回って何かしてあげられることって、私の能力的にはないのです。もちろん何かをいただいたら簡単なお返しなどはしますが、人の行動に合わせすぎないことも大事なように思います。

人によって向き不向きがあるので、面倒見のいい方には甘えてもいいのかな、と思えるようになりました。

もし自分が人に何かしてあげる側になっても、相手には「お返ししなきゃ」なんて負担に思わないでほしい。それなら自分も、相手が見返りを求めていると勝手に想像して、焦らなくていいのかもしれません。

他人に
リアクション
しすぎない

環境が変われば
関係も変わる

038

そんな時間があってもいい

仲のよかった友人たちと、徐々に疎遠になってしまったことがありました。結婚して地元を離れたこともあり、年に数回あった定期的な集まりに参加できないことが続くと、だんだん声を掛けられること自体が減りました。

最初はすごく寂しく感じたのですが、よくよく考えると、今自分に時間の余裕がないのも事実だし、もし呼んでもらえてもピンポイントで帰省して飲みに行くのは現実的ではありません。少し苦しい時期を経て、「こういう期間があってもいいかな」と思えるようになりました。

環境が変われば関係も変わるのは誰にでもあること。家族との生活に余裕ができたり、時間が経てばきっとまた仲良くなることもあるだろうし、とにかく〝大丈夫〟。そう思ったら、心が軽くなりました。

今の友達付き合いは、1対1で仲の良い子とそれぞれ時々会ってお茶をするくらい。1日の大半を仕事、家事、育児で占められている私にとっては、ちょうどいいペースなのかもしれません。

そんな中でありがたいのが、今働いている会社の存在です。外で仕事をするのは、仕事自体を好きなだけでなく、家とは別のコミュニティーを維持していたいというのも大きいのです。

ラクな方を選べばいい

039

子どもふたりが幼稚園に通っていますが、いわゆる「ママ友」がひとりもいません。

結婚して今の地域へ越してきたので、そもそも街に知り合いがいませんでした。「どこに行っても知り合いに会わない」という解放感もあり、積極的に新しい人間関係を築きたい欲がないのです。

昔は「ひとりでいるのは恥ずかしい」などと思ったものですが、今はひとりがラク。園の行事や懇談会などで話す人がいなくても、目的が同じ人の集まりと考えれば、特に孤独を感じることもありません。

朝は子どもを園に送ってすぐ仕事へ向かうため、ママ友と会話する時間はほぼナシ。延長保育を利用しており、みんなよりもお迎えが遅くなるため退園後はすぐに帰宅。必要なことは園に聞けば教えてくれるし、今のところママ友がいなくても影響はありません。

「挨拶するだけの間柄」が心地よく、今は「ママ友を作らなきゃ」という気負いがまったくありません。

ママ友がいなくても大丈夫

すべては"自分が"どう受けとるか？

040

あるとき、好きなブロガーさんがおすすめされていた本を読んでいて、ハッとしました。そのページには「子どものイタズラは、すべて能力を伸ばしている」と書かれていたのです。

それまでは、子どもが家で水遊びをしたりすると部屋が濡れるし、片づけも大変だし、「早くやめてほしいな……」と思っていました。でも、子どもは一見意味のないようなことでも、その瞬間瞬間に、色々な能力を伸ばしているのかもしれない。「子どもの成長には必要なんだ」と腑に落ちて、以来、長時間の砂場遊びや、家での水遊びを、イライラせず見守れるように。

相手がどう見ているかは、いくら想像してもわかりません。真実はどうか、よりも目の前の出来事をポジティブに受けとれたらと思うのです。

相手が変わらなくても、自分の気持ちが変わるとラクになることってたくさんあるなあと思います。

変えられないものはある

041

わが家は夫の両親と二世帯同居しています。「同居はどうですか？」とよく聞かれるのですが、大人の目が多いという点では、育児環境としてはとてもありがたいと思っています。

「核家族もいいな」と思うこともなくはないですが、「〇〇だったらどうかな」は、あまり意味がないと思っていて、自分の力で変えられる部分をどう満たしていくかが大切なように思います。

宇多田ヒカルさんの『Wait & See ～リスク～』という曲の、『変えられないものを受け入れる力　そして受け入れられないものを　変える力』という歌詞が好きで、昔から共感し続けています。

だから、たとえば家族とインテリアの趣味が合わなかったり、片づけへの方針の違いなど。「自分で変えられない」ことからは距離を置くという選択肢も大切にしています。

今日も元気なら OK!

042

子どもが通う幼稚園の先生から「バッグにハンカチが入っていませんでしたよ」と指摘されても、「次から気をつけますね」と返答するだけで、心が乱れることはありません。

「いいママでいなきゃ」と思うと、小さなミスも自分が許せず苦しいもの。極端にマイナスに受けとらず、次回に活かせればいい。さらには自分にプラスになるように考えればいいと思っています。

第一子を育てるときは、おもちゃの素材などにこだわっていましたが、第二子では子供の性格に合わせて「好きなものならなんでもOK」という選び方に大転換。子どもの食い付きも良く、自分のこだわりはなんだったんだ、と呆れたのもいい経験になりました。

必ずこうでなくてはいけない、実はそんなにないのです。だからハンカチを忘れても大丈夫。もしも「あのママ、忘れ物が多いね」と思われたとしても、ちゃんと子どもが帰ってきて、今日も元気ならいいのです。

「いいママ」と思われなくても大丈夫

創作の"経験"は一生モノ

043

「子どもの作品整理ってどうしていますか？」と聞かれることがとても多いです。

子どもが作ったモノは親にとっては処分しづらいもの。すべてを残し続けるとある段階で「どうしよう……」と手に負えなくなるので、早めにシステムを作っておくのがラクかもしれません。

私自身、デザイン系の学校でものづくりを散々やって、それらを処分してきた苦い経験があります。けれど一方で、「創作の経験は身になっているから、モノに執着しなくていい」と考えられるように。時間が経つほどに情が移り、どんどん捨てられなくなるので、早い段階で手放せるとラクです。

ただ、夫は「残したい派」なので、折衷案として作品保存用の箱をひとり1ボックス作ることに。そこに入る分だけ保管して、あとは写真にとって処分します。

しばらく飾ることもありますが、入れ替え制にして処分に困ることがないように気をつけています。

A2サイズのボックスはtowerの「作品収納ボックス　2個組」。取手付きで高いところにも収納可能。

子どもの作品は
1ボックス以上残さない

あるものを見る力で幸せになれる

044

昨年子どもが幼稚園で倒れました。幸いすぐに元気になったのですが、朝起きて目の前に子どもがいること、朝ごはんを食べてくれること、笑って遊べること。そんな当たり前のことが数えきれないほどの奇跡の重なりなんだと痛感しました。

それは子どもが生後6ヶ月で入院したときも、つい最近大きな地震を間近で経験したときも同じ。「ふつうの日々」がどれだけありがたいかを、そのたびに確認してきました。

日々の中に少しの「イヤなこと」はあるけれど、それは生きているからこそ起こること。子どもが感染症にかかって運動会を休んでも、車をぶつけて修理に7万円かかっても、「最悪なことにならなくてよかった」と、何に対してもそう思えるようになりました。

私は10年先、20年先を考えるのが苦手で、働き方も片づけも、「今」いいバランスかどうかを優先しています。

未来なんて、5年先ですらどうなっているかわからない。そう考えると、「どうでもいいこと」はできるだけ排除したい。

あるときから子どもが、毎週のスポーツ教室が近づくとため息をついたり、園に行くことさえイヤがり始めました。「何が一番大切か」考えたとき、無理して続けて運動そのものを嫌いになるほうが、彼の人生においてマイナスのように思い、一時はやめることも検討しました。少し様子を見てまた楽しく通えるようになったので今は続けていますが、考え方はこの先も同じ。

日常が戻ると、そのありがたさを忘れてつい望むものが大きくなったり、小さなことでイライラしたり悩んだり。だけどホントはそれさえも幸せなこと。

疲れやストレスもあるし、人と比べて足りないところを探すのは簡単だけど、あるものを見る力で、同じ時間や環境を何倍も満ち足りたものにできることを忘れずにいたいなぁと思っています。

始めた人しか続けられない

045

ダイエットを1週間で挫折しても、ピアノを1ヶ月でやめたとしても、たとえ3日坊主でも「やらないよりずっといい」というのが私の考えです。

何かを始めるとき、お金や時間がかかるけど、やりたいことはできるだけやってみたほうがいい。

自分にとっての「向き・不向き」がわかるのはすごいことだし、やってみないとわからないことは多いものです。私はデザインが好きで、学生時代に散々デザインを学んだ結果、あまり向いていないな、と思いました（笑）。好きと得意を勘違いしていたのです。でもその気づきは、私の人生においてとても大きなこと。取り組ませてくれた家族に感謝しています。

片づけでも趣味でも、SNSの発信でも同じで、「とにかくやってみる」しかありません。どんなにすごい人でも、本当に小さなことを積み重ねて今に至っているはず。漕《こ》ぎ出しはいつも重いものですが、「始める」の延長線上にしか「続ける」もないのですよね。

3日坊主で何が悪い

過去なんて恥ずかしい方がいい

046

「あの人にこんなこと言っちゃったな」「今だったらもっと気を遣えたのに」。過去の自分の行いを悔いて、プチマイナスモードに入るときってありませんか？

あるときふと思ったのは、「あれ、これは私が成長したということか！」ということ。過去を恥ずかしいと思うのは、時間の経過とともに自分の価値観や考え方が変わり、成長しているからにほかなりません。

我ながら思考の整理が上達したなあと思うのですが、どんなに考えても過去の出来事は取り戻せない。それなら落ち込む時間は無駄でしかなくて。サラッと変換して、「恥ずかしいほど成長したならいいじゃない」と自分に言い聞かせて、消化できたほうがいいですよね。次に同じことが起きたら、「同じ失敗はしない自分」に成長できているのですから。

過去の自分を反面教師に、もう向上するしかない未来は楽しみでしかありません。

捨てたいあなたへ贈る
思い出系のモノの捨て格言

今より大事な
過去はない

捨てられないモノより、
持ち続けたいモノは何か？

思い出が今の暮らしを
ジャマするときは
手放したほうがいい

何かを所有することは
何かを失うこと

思い出のモノと
思い出は別物

Chapter 4

キッチン まずは これ捨てよ

やらないことを決める。
本当にこれ。
そうしないと
時間は溶けるし
毎日は簡単に消えてしまう。

捨てたいあなたへ贈る
キッチンの捨て格言

モノが溢れるのは
シンプルに持ちすぎてる

ホントに大切なモノは
人は捨てるか迷わない

捨てるか迷ったら
捨てるか使う

それがないと困る？

悩むのは本心では
捨てたいから

悩んで持ち続けている間に
ホントに使えなくなる

手放して後悔したモノが
どれほどあるか？

愛着のないモノには
執着しない

使わないのに手放せない物は
仕事も与えられずに給料ももらえないのに
死ぬまで辞めさせてもらえない会社員のようなもの

捨てるキッチンツール

Check List

キッチンで最初に
処分するのはこんなモノ。

邪魔

シンプルに不要な証拠です。
手放すとびっくりするほどすっきりするから、
面倒でも手放して。

いっそ壊れてほしい

不満があるけど手放すタイミングがないだけ。
プチストレスが日々積み重なっているはず。

使えるけど欠けたり変形したり一部壊れている

ちょっと欠けてるお皿やコップ、
変形してる保存容器。使えても
使わないほうがいい。運気も悪くなるらしい。

ダサい

「これは美しいなあ」と思って使うのと
「ダサいなあ」と思って使い続けるのでは、
料理中も食事中も気分が全然変わるはず。

○○だから使うのが億劫

重いとか大きいとか洗いにくいとか。
使わない理由が明確なモノは
手放したほうがいい。

好みじゃないもらい物

使う前に誰かに譲るのがベストだけど、
すでに使っていてやっぱり
好みじゃないものは「無駄にしてごめんね」
という気持ちで一度、一掃してみるといい。

ほかに理想を見つけちゃったもの

デザインだったり、使い勝手だったり、
ほかに心を奪われちゃったものは、
思い切って理想のものに替えてみる。

片づけをむねとする

047

包丁もフライパンも鍋蓋も、キッチンツールのほとんどをひとつずつしか持っていません。料理を複雑にしたくなくて、モチベーションが上がる道具だけに絞り、同じものを買い換えるのが性に合っています。

毎日使うツールはコンロ上に吊り下げ収納なので、片手で出し入れできてとてもラク。

片づいていることは好きでも、片づけそのものは面倒くさい……そんな私は「いかに片づけのハードルを下げるか」が最優先。有名な『徒然草』の一節、「家のつくりようは、夏をむねとすべし」のマネをして、私の信条は、「〝片づけ〟をむねとすべし」です。

キッチングッズを新調するときも、「片づけがラクか」「使わないときはどこに置くのか」まで必ず考えてから。けっして、「使いこなせたらステキ」という高揚感だけで決めないことにしています。どんな買い物も、「片づけ最優先」を自分にリマインドすることで失敗を防いでいます。

道具は「片づけやすさ」が最優先

プチストレスを手放してモチベーションを上げる

048

食事って大事だから、それを作る空間はモチベーションが上がるものがいい。

そのためには性能も大事だけど、見た目も実はすごく重要。目から入るストレスが必ずあって、「緑色のボウルがやだな」「完全に壊れてくれたら買い替えられるのに」なんて思うのはプチストレスの積み重ね。

モチベーションを「下げるモノ」を「上げるモノ」に変えられたら、暮らしの質が何倍も上がるはず。

キッチン用品は、服と違ってリサイクルが難しい、1回でも使うと捨てるしかない道具も多いものです。だから「まだ使えるのにもったいない……」と、処分するハードルが上がりがちです。

でも、もし使うたびにテンションの上がる器だけになったら？　もしお鍋にまで惚れ惚れできたら？　自分の家で、自分の責任で、自分がお金を出して選ぶ道具だから、少しでもテンションの上がるモノに買い替えていい。予算は他でバランスをとって、妥協せずに選びたいなと思っています。

家事をする人の「テンションが上がるもの」を選ぶ

愛用のキッチンアイテム

「毎日使うモノほど、見た目の美しいモノを選ぶ」。

ずっと使えるモノはなるべくケチらずに、と思っています。

バルミューダの電気ケトル

会社で使っていてよかったので、前のケトルが壊れたタイミングで買い替え。アイアンっぽいマットブラックが好きです。

柳宗理のボウル・パンチングストレーナー

ザルもボウルも100円ショップでも買えるけれど、毎日使うモノだからこそ、この美しさがキッチンにあるだけでテンションも見た目もまったく違います。

象印の炊飯器

生活感の出る炊飯器は目立つし布を掛けてもほっこり感が出てしまう。 スタイリッシュなこちらに替えたら最高! 炊飯器がおしゃれだとちょっとやる気が出ます。

IKEAの片手鍋

鍋やフライパンはステンレスの見た目が好き。 IKEAの片手鍋は厚みがあって汚れにくいし、錆びず優秀。 味噌汁に野菜のボイルに、 毎日使います。

towerの米びつ

お米の保管場所を冷蔵庫からカウンターに替えるため、米びつに見えないシンプルデザインのものに買い替え。冷蔵庫の中もかなり広くなりました。

ポーレックスのコーヒーミル、IwaiLoftのコーヒーサーバー

趣味のコーヒーグッズはひときわ美しいものを厳選。コーヒーミルは手動のほうが均等にひけると聞いてこれに。サーバーはガラスの美しさに心奪われました。

ブラウンのマルチブレンダー

ドレッシングやバナナジュース作りに便利なハンドブレンダー。省スペースで洗うのも簡単。離乳食にはさほど使わなかったけれど料理に大活躍です。

グローバルの包丁とnikiiのまな板

ペティーナイフは小さめで手にフィット。見た目も美しく使うたびに愛着が増すお気に入りです。まな板はミニサイズがサッと取り出せて軽いし洗いやすく便利。

暮らしに合わせて変えていい

049

結婚してすぐの頃、実家から持たされたり、引き出物でいただいたりして、食器が一気に集まってきました。中にはかわいいと思ったモノもあり、疑問も持たずに使って数年。あるとき「そろそろ見直してもいいのかも」と思うタイミングが訪れました。

自分の好きな食器を買い足したり、子どもの食器も増える中で、狭いキッチンでモノが戻しづらくなってきたのです。人からいただいた食器は処分しづらいですが、「私が贈った立場なら『好みじゃないな』と思いながら持ち続けられるのはイヤだな」と思い、10枚ほどとサヨナラ。以来、何度か処分を重ね、お気に入りだけを残しています。

今の生活に必要な食器は、洗いやすく片づけやすく、出しっぱなしにしておいても目が許せるもの。水切りマットの上に何種類もの色や柄があると目にうるさいけれど、モノトーンだと美しささえ感じます。それでも好みは変わるから、使わなくなったときに処分する覚悟のできる値段であることも意識しています。

食器だって「イヤだな」と思って使われるのはイヤだと思う

なぜ捨てたのか？が大切

050

一度捨てたものは「捨てた理由」があるから再び買わない、とお話ししてきました。けれど、捨てた理由を完璧に解決してくれるものがあるなら、むしろ買いです。

私にとってその代表的なものがサラダスピナー。

結婚当初、「サラダスピナーがあったらいいぞ」と憧れて買ったものの、一度も使わないままリサイクルショップへ出した経験がありました。

その後も年に1回ほど欲しくなったのですが、一度捨てると慎重になるので、「なぜ捨てたのか」を頭の中で徹底的に追求。大きくて収納しづらく、冷蔵庫に入らなかったことが最大のネックでした。そんなとき、ハンドルが飛び出さず、コンパクトで冷蔵庫に丸ごと入れられるOXO《オクソー》のサラダスピナーに出会い、迎え入れました。

今では毎日使っています。見た目、使い勝手、収納までクリアしたお気に入りのアイテムに大満足です。

サラダスピナーを捨てて、また買ったのには理由がある

野菜を使いきれなくても、そのまま冷蔵庫で保存できてとても便利。

いつか食べるようになる

051

ホントに食事作りって気苦労が絶えません。子どもの場合、栄養バランスや好き嫌い、その日の機嫌や前後の予定など、いろんなことを考えてのこと。

ですが、いくら心を尽くしても小さな子どもたちは限られたものしか食べないので、最近は「レパートリーを増やそう」と思うこと自体、やめました。

子どもの夕食は、必ず食べてくれる「カレーライス」「餃子」「ハンバーグ」「カレイの煮付け」が基本の4パターン。これを微妙に変えながらくるくる回します。野菜はイヤがっても食卓に出したほうがいいというけれど、食べてもらえずイライラするのは自分が苦しい。だから、徐々に食べられるようになればいいと割り切って、今食べてくれるブロッコリー以外は、餃子やカレーに混ぜています。

朝食もほぼ固定で、子どもたちは「味噌汁、卵焼き、ブロッコリー、ごはん、果物」。大人は「生野菜サラダとごはんのワンプレート」と決めています。

レパートリーは増やさない

朝サラダの定番は、栄養価の高いブロッコリースプラウト、ブロッコリー、アボカド、焼いたきのこ。かさましにレタスも。これをお弁当にも入れて出勤します。タンパク質は、サラダチキンや目玉焼きをときどき添えます。

どんなに荒れても すぐに戻せるキッチン収納

普段は誰にも見せられないキッチン。でもすぐにリセットできるから、
たとえ1時間後に来客があっても大丈夫。

シンク下

1 シンク下革命を起こした「白&白」収納

シンク下は、アイリスオーヤマの伸縮棚とIKEAの「VARIERA」が神コンビ。どちらも白を選んだらびっくりするほど整いました。最上段にはよく使うざる・ボウルと鍋を、2段目・3段目は頻繁に出し入れしないものを収納しています。

1. ざる・ボウル
2. 片手鍋
3. 乾物ストック
4. 容器・型
5. コーヒー豆・紅茶
6. 製菓アイテム
7. 排水溝ネット・メラミンスポンジ

浅い引き出し

2

仕切るだけ仕切って乱れてきたら気合いで整理

浅い引き出しは白の仕切りケースを6つ入れ、1日に何度も使う調理ツールやカトラリーなどを収納。いくら仕切ってもそのうち乱れて使いにくくなるので、気になったタイミングで「エイッ」と整理。一回気合を入れて見直すといい状態が続きます。

1. 調理ツール
2. カトラリー
3. 箸置き
4. ピック
5. 薬など
6. クリップ

コンロ下

3

どこに何があるかわかればいい

コンロ下は、調味料や乾物を収納。とにかく「どこに何があるのか」が一発でわかることが大事なので、見渡せる量に絞ること、モノの上にモノが重ならないことが最優先。奥のラックの最下段は死角になるので何も置きません。

1. 乾物・レトルト食品
2. 缶詰
3. ストロー・割り箸
4. 油・揚げ物鍋
5. 調味料
6. 乾麺

4
お得でも大容量は買わない

大容量は一見お得に見えても、のりが湿気ってしまったり、油が酸化したり、劣化した状態で残りがち。大きいとそれだけで管理の手間も場所も取るから、ミニサイズをおいしく使い切るほうが快適。

調味料

キッチン背面収納大解剖！

かなり狭いキッチンなので、持てるモノは厳選。
食器も棚に収まる分しかありません。

リビングのドアを開けて真っ先に目に入るのがキッチンの壁。カフェのような雰囲気が出るように、フェイクグリーンやラタンカゴ、アイアンのハンギングバスケットを組み合わせています。見せながら収納しているのは、コーヒーグッズやスパイス、ハンドブレンダー、ふきんなど、出しっぱなしでもサマになるもの。「アイラップ」（万能ポリ袋）のケースやケトル、炊飯器はマットブラックで統一。

1. 木製の棚全体
2. 浅い引き出し
3. 冷蔵庫上のカゴ
4. ボーダーのふきん

1. 食器やお弁当箱

棚の中に食器やお弁当箱、製氷皿、紙袋などを収納。パーツの多いものはザクっと放り込めるように大きめのケースに入れて。

2. ゴミ袋・レジ袋

ゴミ袋やレジ袋はたたんで浅い引き出しに収納。ゴミ出しの際に何か注意書きすることもあるので、油性マジックもセットで。

3. プラごみ

「冷蔵庫上のカゴには何か入っているんですか?」とよく聞かれるのですが、実はプラごみ(笑)。軽いので高いところに置いても安全です。

4. プラごみの一時置き

プラごみが出るたびに高いところに置くのは手間なので、冷蔵庫の側面に一時置き場をつくっています。食器拭き用の大判ふきんで目隠し。

ミニマム冷蔵庫を大解剖!

持つモノを厳選するのは冷蔵庫の中も同じ。
管理できる量に絞るのが一番ラクです。

冷蔵庫は長期保存には使いません。小分け保存したりモノを管理したりが苦手なので、2~3日で食べられる分だけ購入するように。食材は野菜室・チルドにすべて収まるので、冷蔵室に入れているのはカットした野菜と調味料、ジャム、飲み物、子どものチョコレート菓子くらい。

片手で開けられるケース

砂糖、 粉末だし、 小麦粉、 片栗粉は同じ取っ手付きケースに入れています。 調理中に片手で開けられて便利です。 砂糖はホントは常温保存向きだけれど、 個人的に春夏は虫が怖いのでオール冷蔵庫保存が安心できます。

下2段はあけておく

残りものは次の日も食べるから、鍋のまま冷蔵庫に入れるのが一番早い。 モノをどかさなくても鍋が置けるように、 冷蔵庫の下2段は普段からあけておきます。

生ゴミは凍らせる

野菜の切れ端や卵のカラ。 置いておくと腐るけれど、 調理の瞬間はまだ食材です。 汚くないうちに凍らせるのが一番と聞いて、 冷凍庫に定位置を。 2日に1回の可燃ゴミに出します。

Chapter 5

秒で リセットできる リビング

「捨てる」は家事だ。
たとえば引き出しの中にモノがいっぱいだったら
整理するのがめちゃくちゃ大変。
でも、モノがひとつふたつしかなければ
散らかりようがないから整理の手間が消える。
「モノを減らす」は立派な家事です。

捨てたいあなたへ贈る
リビングの捨て格言

風水では
使わないモノは「厄」

不要なモノに囲まれてるから
自分の「好き」がわからなくなる

掃除とメイクは
誰かを想うと
うまくいく

ホコリを溜める人に
お金は貯まらない

誰かがやってくれたら
うれしいことを数時間後の
自分のためにやってあげるといい

今より過去を大事にしてると
結局なんにも捨てられない

手放せないのは
ただの執着

処分という形でケリを
つけることも、ときに賢明

モノが溢れるなら見直すタイミング

052

コツコツきちんと片づけるのが苦手な私は、大きめのボックスへ「ポイポイ入れる」方式が好きです。

箱に入れる収納は見た目にも◎。リビングは、色も形もバラバラの書類やおもちゃ、本などが集まる場所。そのため雑多な印象になりがちですが、それらが箱に入っているだけで、かなりすっきりします。

中が見える半透明ケースは管理しやすそうですが、モノが透けて見えると色の統一感が崩れやすいのが悩みどころ。わが家は見た目のすっきり感を優先して箱の数を絞ることで、無理なく戻せるようにしています。

カテゴリーを決めて、家族にスペースを割り振ったら、箱の中身は本人に任せて私はノータッチ。ただし、箱からモノが溢れたら、見直すタイミング。子どもの場合、戻しにくくなると片づけ自体をイヤがってしまうので、そのとき使うモノが取り出しやすいように、数の調整や整理を促します。

サイクルは大人も同じで溢れたら見直す。この繰り返しです。

リビングの入口すぐのカウンターに書類や生活道具を収納。生活動線のいいところに置き場をつくると散らかりにくい。

リビング収納は「箱」を作るのがいちばん

黒いマグネット素材の壁には子どもからもらった手紙や、直近のお知らせなどをクリップで貼り付け。カウンター下にはゴミ箱を置いています。

リビング収納大解剖!

書類と生活に使う道具はリビング入口の
カウンター周りで一括管理。
何をどのように収納しているのか、
ケースの中までお見せします。

子ども　私　夫

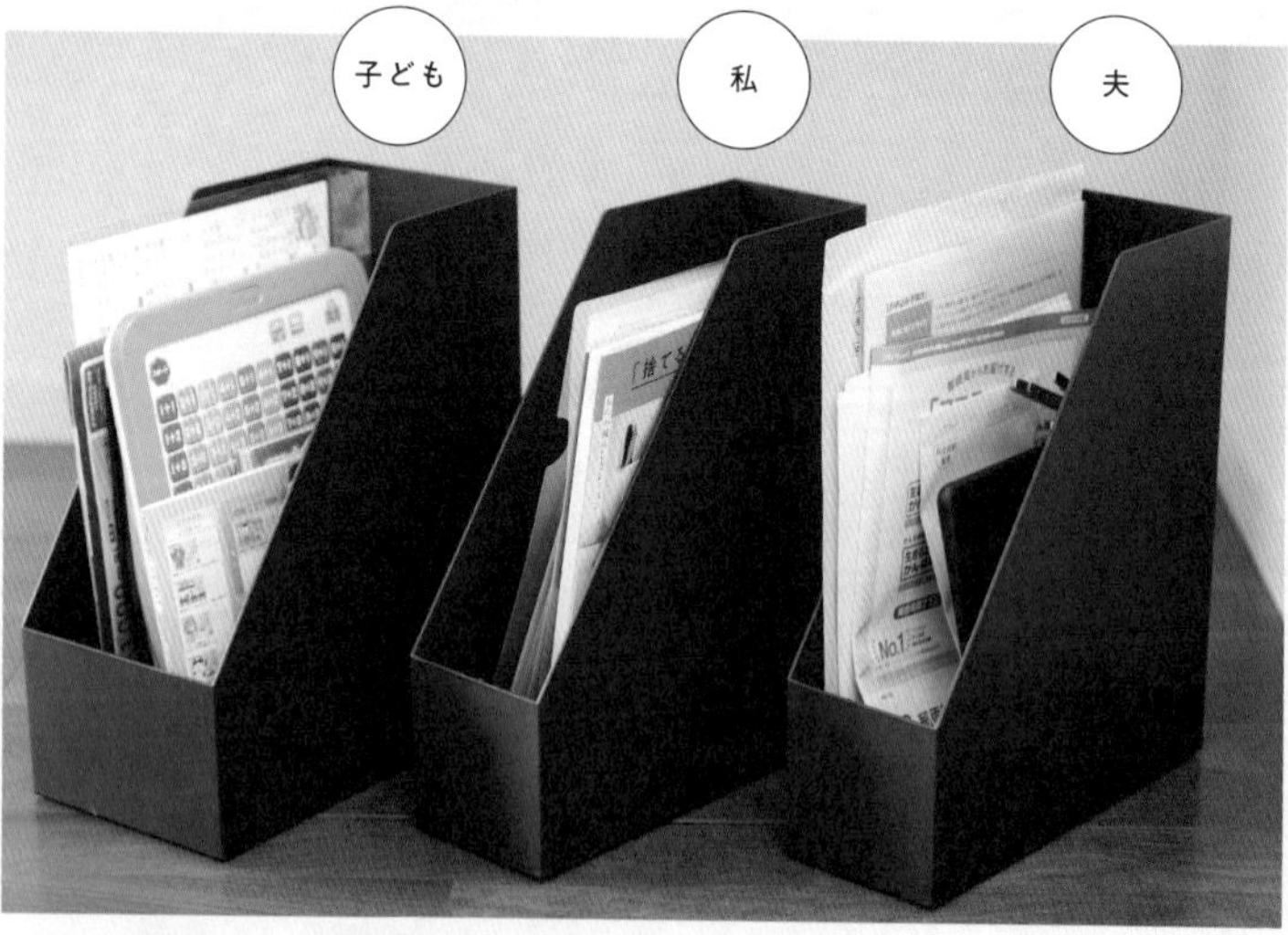

1. 書類の一時置きはひとり1ボックス

届いたお知らせやすぐ使う書類、今読んでいる本などは、「子ども」「私」「夫」でボックスを分けて収納。すぐ下の段にハサミもゴミ箱もあるので、カウンター上で郵便物の仕分け作業をして、このボックスにin。ケースは書類が見えない面を前にして置いたほうが絶対的に見た目が美しい。

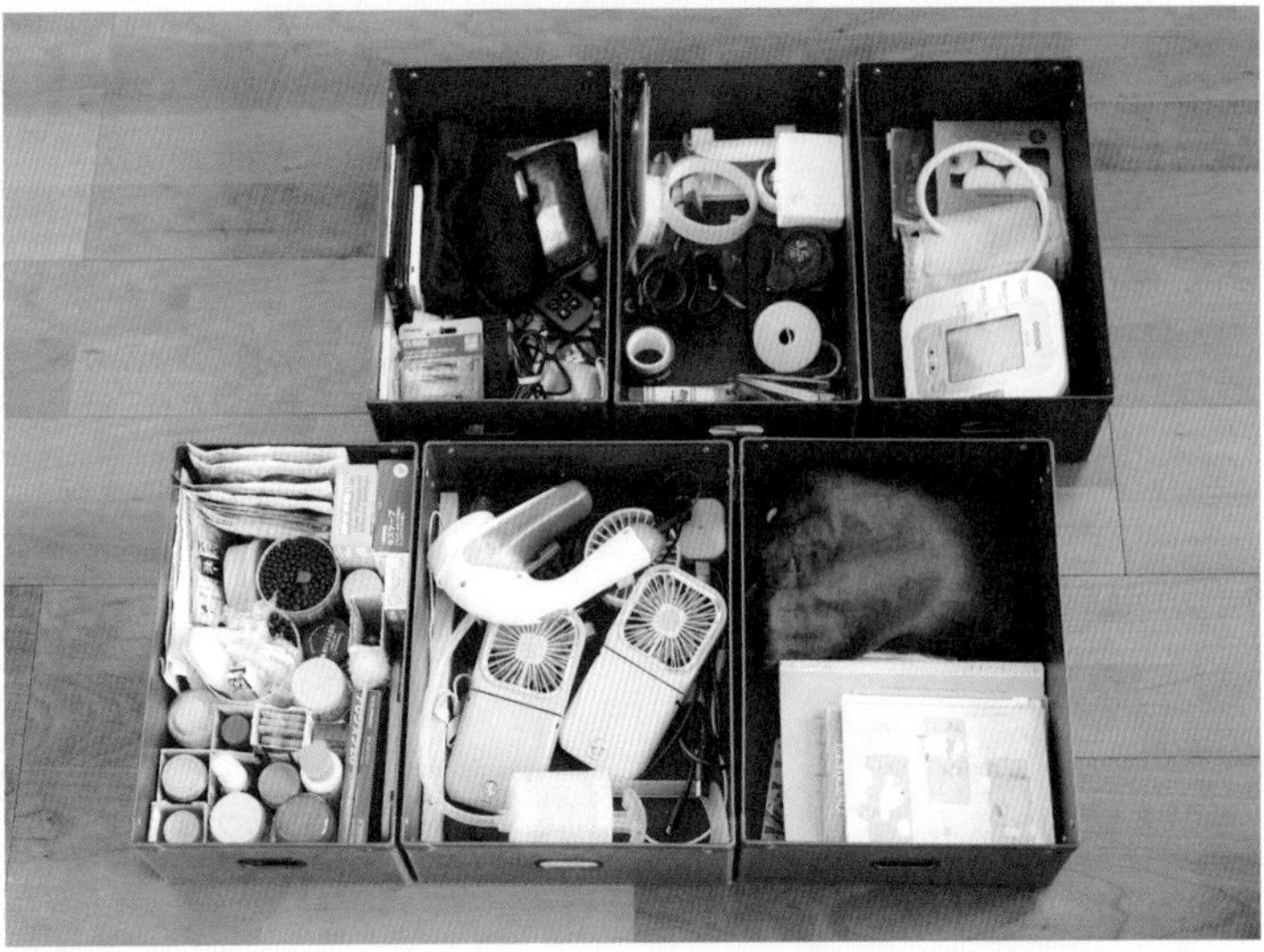

2. 生活の道具はざっくりジャンル分け

「薬」「小型家電」「病院グッズ」「夫の小物」「文房具」「ヘルスケア」とざっくりジャンルを分けて収納。外に持ち出すモノと家族がよく使うモノはリビングの入口にあると便利です。

クローゼット

長期保管の書類はクローゼットの引き出しケースへ

年度末の確定申告に使う書類や、すぐには見ないけれど長期間保管したい書類はリビングには置かず、クローゼットに設置した引き出しケースへ移動。

背景色合わせがマイルール

053

収納ボックスの色は背景の色に揃えるのがマイルール。たとえば白い棚には白いボックス、黒い壁の前には黒のボックス、茶色のチェスト内には茶色のボックスを入れています。

背景合わせはとてもおすすめ。空間をワントーンで揃えると見た目の美しさが断然違います。

そういう意味ではテレビ台もそう。テレビの黒い液晶画面はそもそも大きいので悪目立ちしがちです。AV機器も黒いものが多いので、テレビ台も黒で揃えると黒×黒ですっきり（176ページ参照）。逆に収納用品は一般的に白が多いので、白で揃えるなど。

今は便利な収納用品がたくさんあって、お店に行くとそれ自体の色やデザインに目を奪われがちですが、「どこに置くか」を先に決め、背景との配色のバランスを考えて選ぶのがおすすめです。

収納用品の色は「背景の色」に合わせる

寝室のチェスト内は、内板の色に合わせてレンガ色の「安達紙器工業」のオーダーの収納ケースで埋めています。コスメやヘアケア用品、書類などこまごましたモノを入れても、背景に溶け込んで整って見えます。

living

マグネット素材の黒壁の前に置いている収納ボックスは黒と濃いグレーで統一。上段の左から、セリア、towerの米びつ、無印良品のファイルボックス。下の段はサイズオーダーで作っていただいた安達紙器のもの。

closet

クローゼットは壁が白なので、メタルラックもハンガーもすべて白で揃えています。長期保管の書類収納に使っているのはIKEAの「ALEX」。

kitchen

キッチン背面の棚は木製なので、紙袋をしまうケースも木の色に近い100均のファイルボックスを使用。仕切りがあって見渡しやすい。

kitchen

シンク下収納は中が白なので収納用品も白で統一。ラックは排水管を避けて使えるアイリスオーヤマの「シンク下伸縮棚 2段」。ケースはIKEAの「VARIERA」。

インテリアとしてのグリーン

054

色数を減らしてトーンを揃えるとすっきり見えるのは服も空間も同じ。私は揃えやすい白や黒が好きで、インテリアはモノトーンが中心です。

そしてもうひとつ欠かせないのがグリーン。グリーンの力は絶大で、空間のおしゃれ度をひっぱり上げてくれます。

組み合わせが難しいときは大きめのグリーン、育てる自信がない方にはフェイクグリーンもおすすめです。フェイクでも垂らすだけで空間が埋まるし、今は精巧でフェイクだとわからないものもたくさんあります。本物と組み合わせるとより見分けがつきません。

本物のグリーンを枯らさないコツは土を替えること。私も最初のうちはトライアンドエラーでいくつか枯らしてきましたが、買ってすぐ土を替えるようにして以来、失敗が減ったように思います。今は虫の出にくい土も売っていたりして、ネックに感じることは意外とアイテムで解決するかもしれません。

たとえセンスはなくてもグリーンがあれば完成

わが家のグリーン大集合

トライアンドエラーで少しずつ増やしてきたグリーン。
フェイクと本物を組み合わせて、 無理なくおしゃれに見えるように。

living

上／本物のグリーンはお世話しやすいようにこの一帯に集めています。 色々な種類のグリーンを組み合わせるのが好きです。 下／ホームセンターで購入したエバーフレッシュ。 日照のリズムに合わせて葉が開いたり閉じたりするのを楽しみたくて、 フェイクでなく本物にしました。

もはや本物！ フェイクグリーン

bedroom

左／ベッドサイドに置いているのはニトリのオーガスタ。寝室には土や水分を持ち込みたくないし、本物は葉っぱが枯れてきたときに目立つからむしろフェイクがいい。右／空間をこなれて見せるビカクシダ（コウモリラン）。本物は育てられる気がしないけれど欲しくて、フェイクを購入。Brown.のもの。

living

左／リビング壁のワイヤーアートに引っ掛けているのはBrown.のスパニッシュモス。本物を枯らしたことがあるので絶対フェイク推し。右／いなざうるす屋で見つけたフェイクのドウダンツツジ。フェイクの概念が変わるほど本物に近い。お気に入りで通年飾っています。

kitchen

キッチンの壁にあるのはすべてフェイクグリーン。左から、ニトリのエアプランツ、Brown.のハンギングポット、同ハンギングボール。どれもボリュームがあり質感もgood。

インテリア最大のポイントは統一感！

055

ひとつの空間で「木材の色」がバラバラだと、ちぐはぐな印象になりがちです。たとえば床がウォールナットでテーブルがホワイトウッド、カラーボックスが明るい茶色だとなかなか統一感が出せません。

一気に替えることは無理でも、買い替えのタイミングで徐々に色味を揃えると調和が生まれてきます。

とくに「床の色」と「テーブルの色」。この2点は大きな面積を占めるので、ここの色味を揃えるだけで印象は大きく変わります。

わが家の場合、リビングの床が濃い茶色なのでダイニングテーブルも濃い茶色にし、家電・家具は黒に。

寝室は元々持っていたベッドの色に合わせて、リフォームのタイミングで床もナチュラルな色を選びました。ベッド、床、壁。買い替えづらく「面積の大きいもの」に色を合わせるのが安くて早いです。

昔買ったカラーボックスの色が合わないなら、思い切って買い替えるか、目に入らない位置に移動する。または近い色の場所へお引っ越しするのが有効です。

家具の色は「床の色」に合わせる

living

床の色が焦げ茶色なので、リビングダイニングのテーブルはウォールナット材に。家具もトーンを揃えて黒で統一。

bedroom

元々持っていたベッドフレームがナチュラルカラーだったので、リフォームするときに寝室の床の色はベッドフレームと近いものを選びました。

家電もインテリアのように考える

056

家電こそデザインにはこだわりたい。

たとえば扇風機は、夏の間出しっぱなしになります。掃除機や洗濯機も日々使うモノだからこそ、見た目の印象も大切。家事のテンションが上がるような「お気に入り」を選ぶべきだと思っています。

わが家の家電は黒一択。扇風機も、ハンディクリーナーも、ルンバも、炊飯器も、ケトルも、できるだけツヤのないマットブラックで揃えています。

黒が与える印象は「カッコよさ」。対して白には「清潔感」を感じます。

スマートさにこだわって、今は家電は白よりも黒を選んでいます。デザインが同じでも黒のほうが生活感をカットでき、ホテルライクな印象です。

以前は白い家電も持っていたのですが、部屋の写真を撮るたびに「生活感が出るな……」と感じ、買い替えのタイミングでひとつひとつ黒に替えてきました。

黒い家電はそもそもデザイン性の高いものが多い！　出したままでもインテリアになじみます。

出しっぱなしでも カッコいいモノを選ぶ

取捨選択はもう少し先

057

リビングのおもちゃ収納は、大きな「なんでもボックス」があると片づけがラクです。

ニトリの引き出しケースを兄弟で1列ずつおもちゃ収納として使っているのですが、「どちらのおもちゃとも言えないモノ」がどうしても出てきます。それらの行き場がないとあっという間に部屋は乱れがちに。

それら全部受け入れてくれる「なんでもボックス」を作ってあげて、とりあえずそこに入れればOKに。親子ともらくちんです。大切なのは「毎日ちゃんと片づく」ことなので、ケースの中は気にしません。

おもちゃが増えると子どもは把握できなくなり、遊びの集中力も下がります。そうなったら私が壊れているものを捨てたり、今ブームじゃないものは別の場所にしまったり、量のコントロールをしています。

一緒にモノの取捨選択をするのはもう少し先。まずは片づけの習慣づけを、と考えています。

子どものおもちゃは「なんでもボックス」で最短片づけ

おもちゃ収納の中身

おもちゃ収納はひとり2ケースと「なんでもボックス」の計5ケース。
収納のないリビングではこれが適量。
ケースから溢れてきたら見直します。

なんでもボックス

兄弟で一緒に使うおもちゃや、自分たちのスペースに収まり切らないおもちゃを入れる「なんでもボックス」。ニトリの「キャスター付きトイボックス（ホワイト）」。

入っているのは大きなおもちゃや乗り物系のおもちゃ。一度整理しても数ヶ月で溢れてくるので、量を減らしたり、しまっているおもちゃと入れ替えたりして定期的に見直します。

兄弟の個人スペース

ニトリのカラーボックスに「カラボにぴったり 収納ボックス専用引出しレール」と「カラボにぴったり 収納ボックス ホワイト」の浅型と深型を組み合わせておもちゃ収納に。左列が兄、右列が弟のスペース。

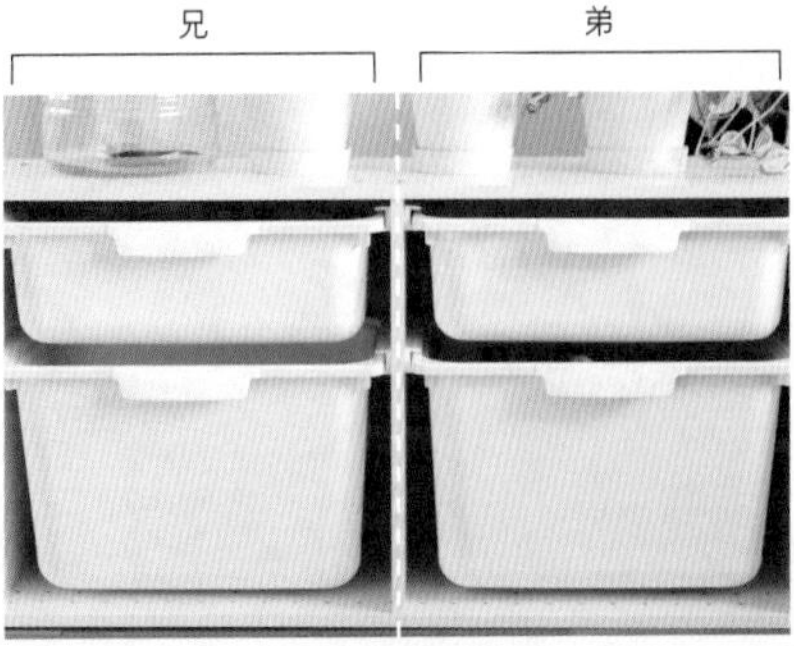

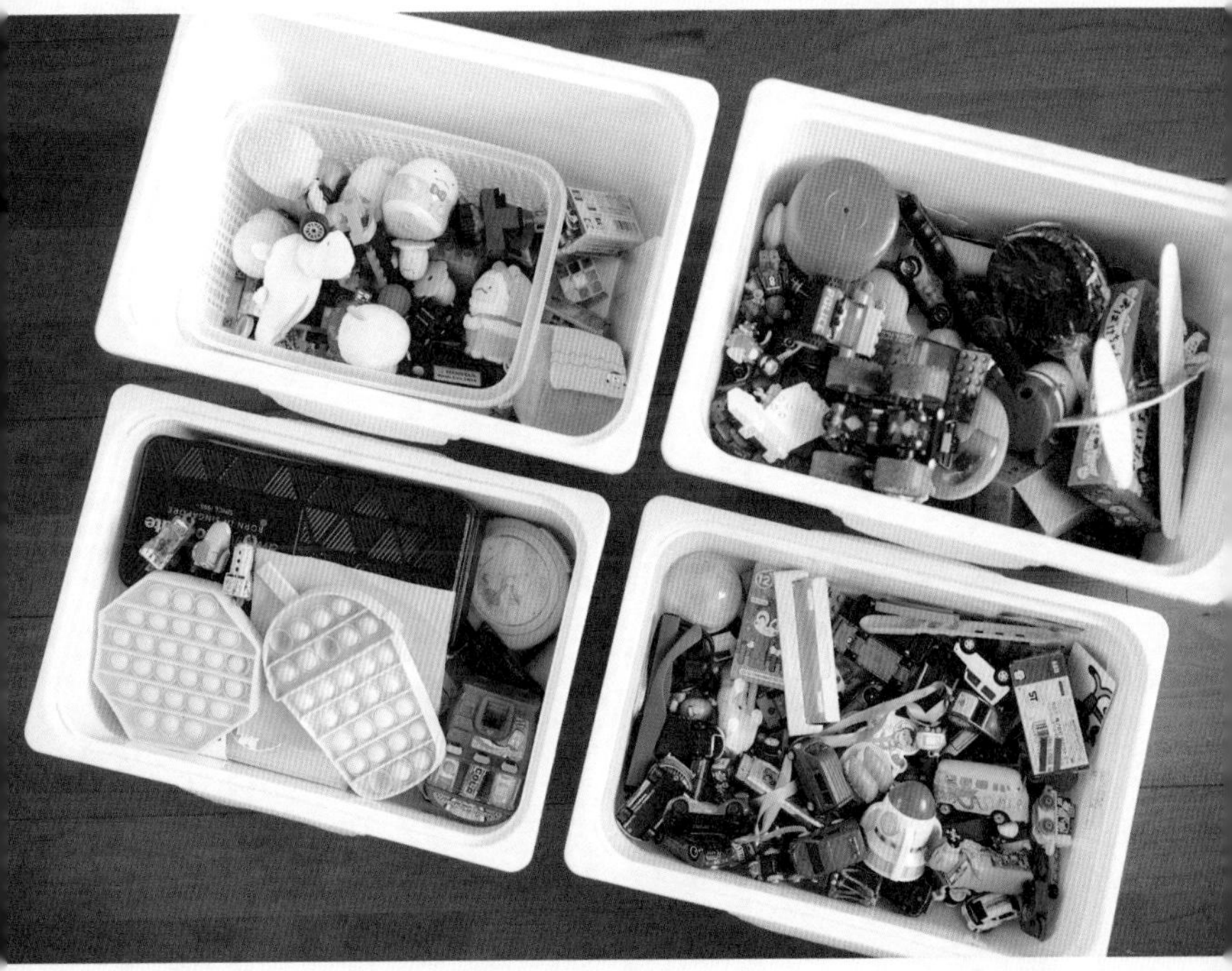

リビングに置くおもちゃはひとり2ケース。子どもが自分でなんとか管理できる量です。このほかには、ジャングルジムや大物のおもちゃなどが、1階の義理の両親との共同スペースにあります。

捨てると決めたら人に見せるな

058

ゴミをゴミだと思っているのは「捨てる人」だけ。子どもはどんなモノでも残したがるものなので、捨てると決めたら目に触れないよう細心の注意を払います。紙袋にくるんだり、ゴミ袋ごと隠したり。

いちばん要注意なのはゴミ捨ての朝。もし見つかったら仕方ないので全力で猿芝居。

「えーーー!!　こんなとこに入ってたー!?」

たぶん気づかれていることでしょう……。

同じように、自分のモノを捨てると決めたらパートナーにも親にも見せません。大人だって捨てる瞬間をその目で見たら、「まだ使えるのに」とこちらの予想通りの反応をするものです。一旦捨てると決めたのに「捨てちゃうの?」と言われるのはかなりのストレス。処分は「そっと」が賢明です。

また、いくら捨てるのが忍びなくても、家族や友人に服や小物を譲ることはしないと決めています。「人からもらったモノは捨てづらい」から、相手のためにも自分でケリをつけたいものです。

手紙は読んだら捨てていい

059

「ママへ」「パパへ」。ときどき子どもたちが書いてくれる親への手紙。子育てのご褒美のようなもので、もらうたび成長を感じてジーンとします。

また、家族や友人からも心温まるメッセージが書かれた一筆箋やお手紙をもらうことがあります。

しばらく壁に飾ったり、写真に撮ったりすることもありますが、できるだけ私は「現物」を残しません。

手紙を書いた本人は、案外その行き先に執着がないもの。どうするかはもらった人次第です。

積もるとけっこうな量になり、置いて時間が経つほどに「どうしようかな」という悩みに変わります。それなら読んだ瞬間に「わー！　ありがとう」と感謝を伝えて、すべて終われたほうが心がラク。子どもにも手紙を書いた経験はきっと残っているだろうし、気持ちをしっかり受けとってそっと心に刻みます。

保管が主なら遠くても取りづらくてもOK！

060

廊下の収納スペースに保管しているのは、「使う頻度の低いモノ」だけ。

残しておきたい本、リサイクルショップ行きの粗品、ラッピング用品・梱包材、コード類、長期保管の書類、観葉植物の土や鉢、メダカや金魚のお世話アイテムなど、頻繁には取り出さないけれど残しておくモノがここに集まっています。

細かく分けると面倒なので、大きめのボックスを用意してポイポイ入れられるように。最初にボックスを揃えておくと、中をこまめに整頓しなくても扉を開けたときにいつでもキレイです。

収納ボックスは無印良品の「ポリプロピレンファイルボックス・スタンダードタイプ　A4用　ホワイトグレー」。以前はセリアの「プレンティボックス」で揃えていたのですが、虫対策でプラスチックに入れ替えました。ボックスに入れておくと、たとえばラッピング材なら何かを包装したいときに箱ごとリビングに持ち運んで作業できて便利です。

廊下収納は
「使用頻度の低いモノ」

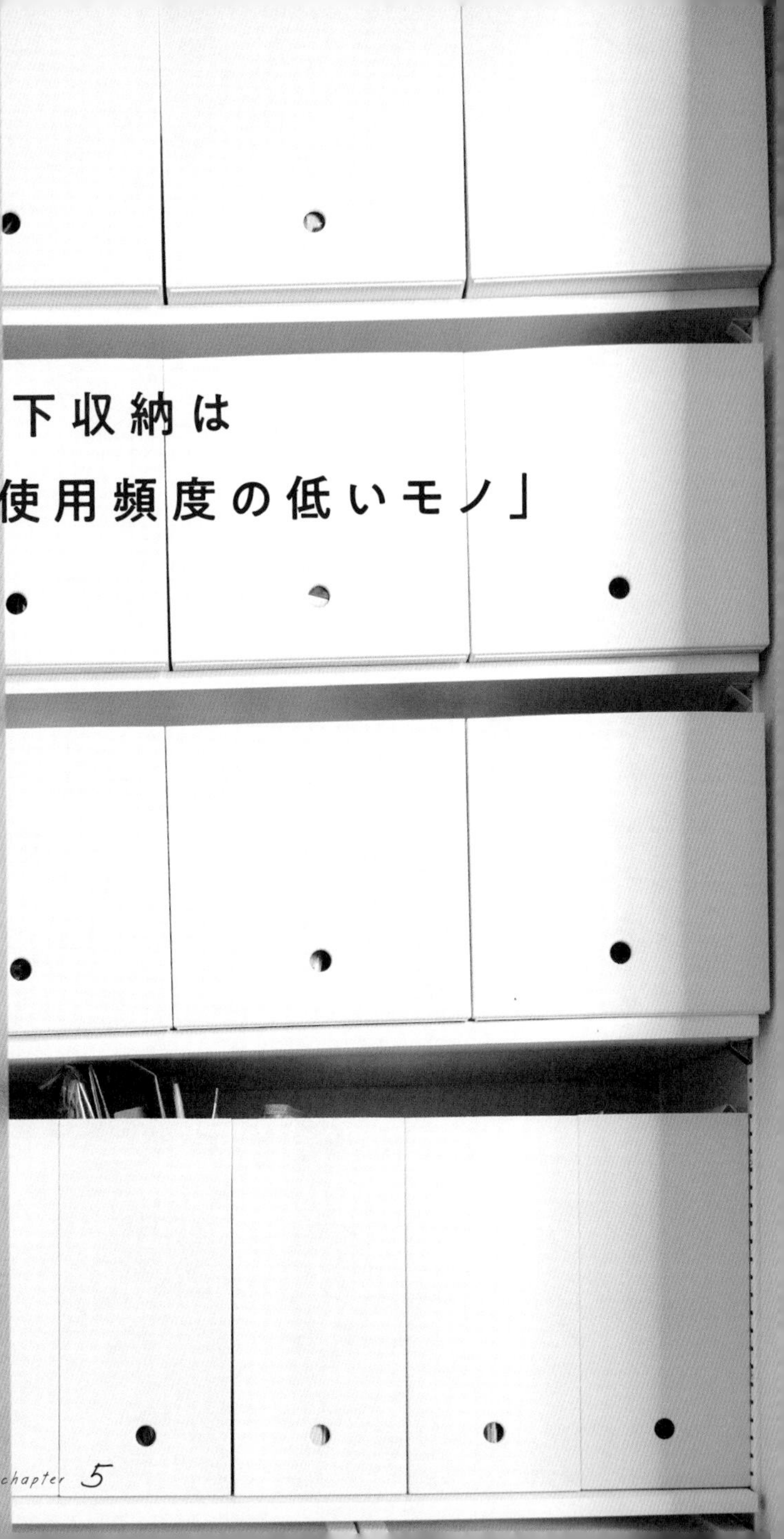

おわりに

こうやって本を書き終えて、改めて強く思うのは、
ルールはどこにでもあるけれど
"絶対にこうでなくてはいけないこと"は
実はそんなにない、ということ。

いつだって本当はどこにでも行けて
何を始めたって、やめたって、休んだっていい
なのに一生懸命がすぎると世界がそこにしかないようで
苦しくてもなんとしても、そこでの居場所を守りたくなる

だけど例えば、地球の反対側でも
私は同じ事を考えるかな？
悩みや心配事が途端、
どうでもいいことになったりしない？

だとしたら、そこでも大切にしたい人との
目に見えない限りある時間を
ちゃんと大切にしたいと思うのです

物事をどう捉えて、自分の行動を変えていくかに
過去がどうだったか、
周りがどうかは、ひとつの判断材料でしかありません。

一気にたくさん、は出来ないのだから
まずは今日、そして明日、と
私なりに積み重ねていけたら、と思っています

yur.3

yur.3（ゆりさん）

新潟県在住の30代。「今日の下着で救急車に乗れるか」をはじめ、インスタグラムに投稿していた「物を捨てさせてくれる格言」が大人気となり、フォロワー数が16万人を超える。初の著書『28文字の片づけ』（主婦の友社）はシリーズ累計10万部のベストセラーに。子ども2人と夫、夫の両親との6人暮らし。

この服で誰かに会いたくないなと思ったら

その服は寿命

2024年5月20日　初版印刷
2024年5月30日　初版発行

著　者　yur.3
発行人　黒川精一
発行所　株式会社サンマーク出版
〒169-0074　東京都新宿区北新宿2-21-1
電話　03-5348-7800（代表）

ブックデザイン　chichols
編集協力　杉本透子
撮　影　林ひろし
校　閲　東京出版サービスセンター
組　版　天龍社
編集補佐　浅川紗也加
編　集　三宅隆史

印刷・製本　株式会社暁印刷

ISBN978-4-7631-4112-5 C0077
https://www.sunmark.co.jp